JN411962

이미 완성된 기적

크리스 고어 지음 | 조슈아 김 옮김

POSITIONED

이미 완성된 기적

헌정사

전임 사역자로 25년을 보내며 전 세계 60여 개국에서 하나님의 소중한 가족들을 만난 것은 내 삶의 기쁨이었다. 치유 사역과 우리의 삶 전반은 하나님과 함께 성장해 가는 여정이다. 나는 40년 동안 그분의 치유 능력이 사람들의 삶에 흘러 들어가기를 간절히 바라는 마음을 품었다. 내가 만난 모든 이들이 병든 자들에 대한 긍휼을 구체화하는 것을 도왔다. 그들이 없었다면 이 여정은 불가능했을 것이다.

이 책을 독자들, 특히 기적이 필요해서 시간을 들여 이 책을 읽는 이들에게 바친다. 이 책 곳곳에 기록된 가르침을 읽으며 그 안에 담긴 복음의 메시지에 깊이 잠길 때, 건강과 치유가 당신의 모든 영역에 흘러 들어가기를, 그래서 건강이 당신의 분깃, 곧 소유가 되기를 바란다.

무엇보다도 예수님이 그분의 온전한 상급을 받으시기를 소망한다!

사랑을 담아 크리스 고어

서문

복음 사역자로서 25년 넘게 거의 모든 문화권의 수많은 사람들을 만나면서 다음의 몇 가지 질문이 끊임없이 반복된다는 사실을 발견했다. "치유받으려면 어떤 마음가짐을 가져야 할까요?", "치유받은 것을 어떻게 관리하고 유지하나요?", "어떻게 사람들을 치유하나요?"

적어도 12년 전부터 이 책을 쓰려 생각하고 있었지만, 사람들에게 이 주제를 꺼낼 때마다 사람들의 반대에 부딪히는 경우가 많았다. 반대하는 이유는 언제나 "성경 어디에도 예수님이 친히 치유에 대해 가르치신 내용이 보이지 않는다"거나 "그분은 치유를 유지, 관리하는 것에 대해 말씀하신 적이 없다"는 것이었다. 치유에 대한 예수님의 가르침에 관한 것이라면 그 논리가 맞다. 그분은 가르치신 적이 없다. 단지 치유하는 모습을 보여 주시고 그분을 따르는 자들에게 가서 똑같이 하라고 지시하셨을 뿐이다!

사람들이 받은 치유와 기적을 잘 관리하는 것에 대해서도 가르치지 않으신 것으로 보이지만, 우리가 자세히 살펴볼 많은 단서들을 남겨두셨다. 그리고 개인적인 경험을 통해 우리가 받은 치유를 유지하고 신성한 건강 가운데 걷는 것이 그분께 대단히 중요하고 소중한 일이라는 것을 깨달았다.

2009년 어느 날, 코네티컷에서 금요일 저녁 예배 중 설교를 하고 있는데, 특별한 치유의 은혜가 그 공간에 가득했다. 그날 밤 많은 이들이 놀라운 치유의 돌파를 경험했다. 그날 밤 잠이 들었는데 주님이 강력한 꿈으로 나에게 이렇게 말씀하셨다. "내일 내 백성들에게 그들이 받은 것들을 지키고 유지하는 법을 가르쳐 주었으면 한다." 나는 이렇게 대답했다. "하나님, 하지만 제가 무엇을 가르쳐야 할까요? 저조차도 그에 대한 답을 제대로 알지 못합니다." 주님은 이렇게 답하셨다. "그것이 바로 내가 지금 너를 찾아온 이유이다. 그러니 펜과 종이를 꺼내라. 내가 가르쳐 주겠다." 꿈속에서 나는 하나님의 가르침 아래 앉아 그분이 하시는 말씀을 받아 적으며 시간을 보냈다! 그리고 다음 날 아침 깨어나자마자 그 모든 것을 "진짜" 종이에 기록했다. 그리고 그날 오전 늦게 하나님이 가르쳐 주신 내용을 전할 기회가 생겼다.

그날 밤 주님은 나에게 다섯 가지 매우 분명한 요점을 보여 주셨다. 이것들은 그 후 내 삶의 기초가 되었지만, 이제야 그 내용을 책으로 써도 되겠다는 마음이 든다. 이제 그 내용을 살펴보게 될 것이다.

우리는 모두 주님과 동행하며 계속해서 배우고 성장하고 있다. 이것은 정말 놀라운 여정이다. 나는 우리가 언제나 초심자의 열린 마음을 가진 학생으로 남기를 바란다. 우리가 "도달했다"고 확신하고 모든 것을 안다고 생각하는 것은 사실 우리를 심각한 위험에 빠뜨린다.

내 마음속에는 그리스도의 몸인 우리가 하나님의 치유 능력 안에서 전진하게 될 꿈이 있다. 내가 가진 비전은 우리가 익숙하게 들어온 "앞으로 임할 부흥"이나 설교를 통해 일어나는 강대상 부흥에 대한 것이 아니다. 아무리 훌륭하고 진심어린 부흥이라도 그것들은 일종의 행사나 이벤트처럼 보이며, 이벤트란 왔다 가기 마련이다. 내 마음은 성도들에게 그들의 참된 정체성이 계시되어 우리 안에 계신 그분이 어떤 분인지, 또한 그분 안에서 우리는 어떤 존재이고 우리가 누구의 소유인지 진정으로 깨닫게 되기를 열망한다. 그렇게 되면, 그 확고한 믿음의 자리에서 우리 모두가 나이나 인종, 성별에 상관없이 치유 능력 안에서 전진하여 삶 가운데 치유의 돌파를 보게 될 것이다. 하지만 그보다 더 중요한 것은 우리가 함께 이 세상이 지금까지 본 적 없는 가장 크고 위대한 치유의 부흥을 이끌어내게 될 것이라는 점이다.

이 책을 읽고 내 마음을 이해하게 되면, 내가 칼빈주의자가 아니라는 사실을 알게 될 것이다. 책 후반부에서 더 깊이 논의하겠지만, 처음부터 이 점을 분명히 하고 싶다. 칼빈주의는 하나님의 주권을 크게 강조하는데, 많은 이들이 이것을 응답받지 못한 기도들에 대한 핑계 거리로 삼는다. 나는 그런 핑계를 대며 살 수 없다. 분명 우리가 알 수 없는 신비가 존재하지만, 응답받지 못한 기도들을 하나님의 주권이라는 핑계로 덮어버리는 것은 복음의 능력뿐만 아니라 죄고의 롤모델이신 예수님이 실제로 보여 주신 것들을 부정하는 것과 다름없어 보인다. 나는 이 문제로 자주 때로는 상당히 공격적으로 도전받곤 했지만, 솔직히 다른 이들, 그들의 명성이 얼마나 대단하고 어떤 학위나 직함이 붙든 그들의 견해에 위축되지 않는다. 하나님과 나의 여정을 가고 있을 뿐이다.

내 삶의 영적 부모들이 결코 어떤 생각을 하라고 강요하지 않으신 것에 크게 감사한다. 대신 그들은 스스로 생각하도록 허락해 주었고 나만의 결론에 도달할 수 있게 격려해 주었다. 그로 인해 나는 그것에 대해 흔들림 없이 확신할 수 있었다. 마찬가지로 나도 어떤 생각을 하도록 강요할 마음이 전혀 없다. 다만 내가 내린 결론을 함께 탐구하도록 초청할 뿐이다. 스스로 깊이 생각하고 고민해 볼 것을 진심으로 권한다. 이 책에 기록되어 있는 것 이상으로 앞으로 수년간 훨씬 더 많은 계시가 우리에게 더해질 수 있으며 그렇게 될 것이다.

함께 탐구해 나가면서 치유받고 그것을 유지하는 것과 관련된 복음의 능력의 단순함과 은혜로우시고 사랑이 많으신 우리 아버지의 마음을 깨닫게 되기를 바라고 기도한다.

끝으로 가장 중요한 점은 사람들이 치유받지 못할 때, 그들을 비난하거나 탓하는 것은 결코 내가 원하는 것이 아님을 알아 주기 바란다. 이 책에서 그와 같은 내용이나 느낌을 받지 않기 바란다. 장애를 가진 아름다운 딸이 아직 치유의 나타남을 받지 못하고 있기에 나는 그런 종류의 "사역"을 받는 입장이 되어 보았다. 그리고 그것이 속박과 정죄의 사역임을 깨달았다. 당신을 그러한 입장이나 상황에 두는 것은 결코 내 마음이 아니다. 단지 계속해서 예수님을 신뢰하도록 격려하려는 것이다. 삶 가운데 무슨 일이 벌어지든, 그분은 언제나 우리를 사랑하시며 언제나 선하시다. 그분은 아직 당신을 포기하지 않으셨다!

치유의 여정 가운데 어디에 있든, 이 책을 읽으며 우리를 향한 아버지의 선하심과 사랑을 온전히 확신하고, 예수님 안에서 풍성한 생명과 소망을 경험하기 바란다. 우리 모두가 이 세상이 지금까지 본 적 없는 가장 크고 위대한 치유 운동에 그분과 함께하기를 소망한다!

은혜와 사랑이 충만하기를
크리스 고어

목차

Part 1
기적을 받을 준비하기

Part 2
받은 기적 유지 관리하기

Part 1

기적을 받을 준비하기

Chapter 1

핵심: 그리스도의 십자가

삶은 여정이다. 이 여정에는 절정과 암흑기, 달콤함과 쓰라림, 그리고 기쁨과 고통이 존재하며, 때로는 이 모든 것을 하루 안에 겪기도 한다. 나에게는 치유 능력으로 행하는 삶 역시 그와 같았다. 오르막과 내리막이 있었다. 내가 아직 십 대 초반에 불과했을 때 어머니가 34세의 나이에 가족 곁을 떠나면서 시작된 이 여정은 이제 40년이 넘었다. 만약 나의 이전 책인 《주의 선하신 치유 능력》(Walking in Supernatural Healing Power, 순전한나드 역간)과 《정체성 깨닫기》(Apprehended Identity)를 읽었다면, 이미 나의 과거에 대해 어느 정도 알고 있을 것이다. 그리고 이 책의 서문을 앞서 읽었다면, 이 여정이 나를 어디로 이끌었는지, 그리고 내가 이 책을 쓰고 싶어 했던 이유를 어느 정도 짐작할 수 있을 것이다.

우리, 곧 교회 대부분은 하나님의 치유 능력이 우리 삶에 흘러 들어가는 모습을 보지 못하고 있다. 복음뿐만 아니라 우리 아버지의 마음과 그분의 선하심을 온전히 이해하지 못했기에 그렇다는 것이 내 생각이다.

이 여정에서 많은 사람들을 만나면서 왜 이런 일이 일어나는지 그 이유가 분명해졌다. 많은 선한 이들이 어떤 이유든 자신의 삶이나 사역 가운데 치유 능력을 보지 못하고 있다. 그들은 자기 경험을 성경, 곧 하나님의 말씀의 무한한 가능성에 끌어올리기보다 오히려 말씀을 자신의 제한적인 경험 수준으로 끌어내림으로써 좌절을 겪고 있다. 이것은 흔히 "치유는 초대 교회 시대에만 부어 주신 것으로 오늘날에는 일어나지 않는다"는 안타까운 믿음 혹은 신념으로 나타난다.

상실과 실망이 우리 삶을 덮칠 때, 어려움을 헤쳐 나가도록 우리를 인도하시는 아버지의 놀라운 사랑과 선하심을 신뢰하는 것이 아니라, 상실과 실망이 하나님이 우리에게 어떤 분이신지에 대한 이해를 왜곡하도록 너무나 쉽게 내버려두는 경우가 많다. 물론 이 과정도 긍정적인 변화를 가져와서 하나님이 우리를 위해 마련해 두신 모든 것들을 받을 수 있는 사람으로 빚어 갈 수는 있다. 하지만 하나님은 우리에게 나쁜 일들을 보내시는 분이 아니며, 단순히 그 일들을 통해 교훈을 얻게 하시려고 그렇게 하시는 분은 더더욱 아니다. 우리는 이 점을 처음부터 분명히 해야 한다. "하나님이 우리를 다듬고 빚어 가시기 위해 질병과 상실, 재앙을 허락하신다"는 (사랑의 아버지의 마음과 모순되어 보이는) 믿음과 우리 모두에게 이런 일들이 일어나지만 사랑의 아버지께서 이 모든 상황을 아름답게 바꿔 주신다는 확신 가운데 안식하는 것 사이에는 엄청난 차이가 있다. 우리에게 재 대신 아름다운 화관을 주시는 것이 바로 그분의 본성이다.

수년간 하나님은 그런 분이 아니라는 것을 설명하기 위해 체스를 비유로 들어왔다. 하나님과 함께하는 삶은 체스가 아니다! 인생이라는 체스판 위에서 우리를 조종하여 그분의 뜻대로 체크메이트(역자 주: 장기에서 장군을 부르는 것과 같음), 곧 몰아붙이거나 그렇게 함으로써 우리의 자유 의지 대부분을 제거하려는 것은 아버지의 마음이 아니다. 그렇게 하신다면 그분은 조종하시고 통제하시는 하나님이 된다. 하지만 사실 그분은 우리가 알 수 있는 가장 사랑과 인애가 넘치시는 분이다. 저마다 자유 의지가 있기에, 우리에게 좋지 않고 파멸과 질병, 그리고 죽음으로 이끌지라도 우리는 무엇이든 원하는 대로 선택할 수 있다. 그러나 그렇다고 해서 우리 하나님이 언제나 구속하시는 아버지라는 사실이 바뀌지는 않는다. 구속은 그분의 본질 자체이다.

우리에게 자유 의지가 전혀 없다고 주장하는 사람들이 있다. 그리고 반대편 극단에는 오직 우리의 권리만을 중요하다고 믿는 이들도 있다! 우리는 최근 들어 후자의 움직임이 전 세계적으로 일어나는 모습을 분명히 목격하고 있다. 개인적으로는 내 의지를 순복하고 겸손히 아버지의 선하심을 신뢰하며 살아가는 것이 옳다고 믿는다. 우리가 삶 가운데 더욱 순복하여 하나님이 하나님 되시게 해 드릴수록, 그분도 우리를 더욱 신뢰해 주신다는 것을 깨달았다. 그분의 갈망이 우리의 갈망이 된다. 우리의 마음이 그분과 일치되었기 때문이다.

요한복음 10장 10절은 분명히 말씀한다. 원수는 도둑질하고 죽이고 멸망시키러 오지만, 예수님은 생명을 주시되 더 풍성히 주려고 오셨다는 것이다. 하지만 우리가 누군가 혹은 무엇을 잃었을 때, 하나님을 원망하든 그 상실을 '그분의 주권' 탓으로 돌리거나, 혹은 (어떤 이들처럼) 치유는 우리 시대에 일어나지 않는다고 결론짓고 싶은 유혹에 빠진다.

나의 메시지는 단호하다. 핵심은 그리스도의 십자가다. 우리는 복음의 진리로 돌아가서 예수님을 바라보아야 한다! 내 삶에 조언을 해준 많은 영적 부모들이 있고, 깊이 존경하며 큰 영향을 주신 분들은 더욱 많다. 하지만 그들은 나의 롤모델이 아니다. 내 삶에는 오직 한 분 유일무이한 최고의 롤모델이 계신다. 바로 그리스도이시다. 사복음서와 사도행전에 놀라운 업적들이 기록되어 있지만, 예수님의 제자들도 나의 롤모델이 될 수 없다. 오직 예수님만이 나의 롤모델이시다!

우리 아버지께서 얼마나 선한 분이라고 생각하는가? 우리 자신이 치유받고 다른 사람들에게 치유 능력을 행사하려면, 반드시 사랑하는 자녀들인 우리를 향한 그분의 마음을 이해해야 한다. 다시 말해 치유에 대한 우리의 믿음은 우리를 향한 그분의 마음과 선하심을 어느 정도 이해하느냐에 따라 제한될 가능성이 크다.

우리가 사랑이 넘치는 아버지의 마음을 이해한다면 절대로 치유에 대해 신학적으로 논쟁할 필요가 없을 것이다.

의의 기초

영적 준비 단계로 나아가기 전에 상당히 오랫동안 나를 포함하여 많은 이들이 오해해 온 핵심 진리를 반드시 이해해야 한다. 그것은 바로 "의"(righteousness)에 관한 주제이다. 그러므로 우리가 견고한 기초를 다질 수 있도록 "의"에 대해 살펴보자.

의의 기초가 견고하지 않다면, 우리는 자기 노력이라는 흔들리는 토대 위에 삶을 세우게 될 것이며, 결국 치유를 포함한 삶의 거의 모든 것을 위해 무언가 이루기 위해 행하게 된다. 이것은 우리가 아바 아버지께 나아가는 방식과 그분과의 친밀감에 깊은 영향을 미친다. 그렇게 그분 앞에 나아갈 때 늘 자격이 부족하다고 느끼게 될 것이며, 그분께 받을 만큼 충분히 노력했는지 결코 확신하지 못할 것이다. 또 왜 예수님이 우리 믿는 자들이 누릴 수 있다고 말씀하신 풍성한 삶을 살아가지 못하는지 궁금하게 여긴다.

> 새로운 계시를 가르치는 것보다 중요한 것은 우리가 잊어버린 계시들을 기억나게 하는 것이다.
>
> - 찰스 스펄전

"의"라는 개념은 너무나도 오해하기 쉽다. 많은 믿는 자들이 이 의라는 것이 우리에게 달려 있다고 생각한다. 다시 말해 우리가 옳은 일을 할 때 의롭게 된다는 것이다. 인생 대부분을 내가 얼마나 완벽하게 옳은 일을 행했는지에 따라 내 의가 결정되며, 언젠가 충분히 완벽해져서 의로워질 수 있을 것이라는 믿음을 품었다. 의라는 것이 나의 노력으로 얻을 수 없는 선물이라는 사실을 전혀 몰랐다. 그리고 나만 그런 것이 아니다. 최근 사역 학교에서 가르치고 몇 주 뒤, 어떤 여성이 와서 이렇게 말했다. "크리스, 당신이 가르쳐 주신 내용이 저를 자유롭게 해주었어요." 어떤 점이 그녀를 그렇게 자유롭게 해주었는지 묻자, 그녀는 다음과 같이 대답했다. "당신이 의에 대해 가르쳐 주셨을 때, 처음으로 의가 선물이라는 사실을 깨달았어요."

복음을 제대로 이해한다면, 사실 어떠한 노력을 해도 의롭게 되지 않으며, 우리가 할 수 있는 것은 아무것도 없다는 사실을 알게 될 것이다.

로마서 5:17

…은혜와 "의의 선물"을 넘치게 받는 자들은 한 분 예수 그리스도를 통하여 생명 안에서 왕 노릇하리로다

분명히 하자면, 의라는 것은 믿는 자들로서 우리가 매일의 삶 가운데 살아내야 하는 강력한 행위의 말씀이다. 그러나 무엇보다 중요한 것은 우리의 삶 가운데 존재하는 말씀이어야 한다. 의는 어떤 태도나 자세, 행동, 어떤 개념이나 원칙, 혹은 가르침 그 이상이어야 한다. 이것은 단순히 어떤 위치나 지위의 문제가 아니라 그리스도 안에서 새로운 피조물이라는 우리의 실재이다. 그분 안에서 우리는 이미 그러한 존재이다.

의는 우리 삶 가운데 어떤 "행위"의 말씀이기 전에 "존재"하는 말씀이어야 한다.

우리는 모두 삶을 다스리고 통치하고 싶어 한다. 그리고 그것이 바로 우리를 향한 하나님의 마음이다. 우리가 자신의 상황과 환경, 그리고 질병을 다스리고, 죄에 대해 승리하는 삶을 살아가는 것이다. 이 모든 것은 의라는 것이 그리스도 안에서 우리 정체성의 일부이며, 스스로 값을 치르거나 노력으로 얻을 수 없는 아름다운 선물이라는 사실을 이해하는 데서 시작된다. 우리는 그저 감사와 겸손한 마음으로 이것을 받는 것이다. 이것이 바로 복음의 핵심이며, 그 안에 하나님의 의가 계시되어 있기에 구원에 이르는 하나님의 능력 자체인 것이다.

우리가 의를 진정으로 이해하고 이 놀라운 선물로 인해 의롭게 되었다는 것을 알게 될 때, 비로소 행위의 측면에서 의를 실천할 수 있다.

로마서 1:16~17

내가 복음을 부끄러워하지 아니하노니 이 복음은 모든 믿는 자에게 구원을 주시는 하나님의 능력이 됨이라 먼저는 유대인에게요 그리고 헬라인에게로다 복음에는 하나님의 의가 나타나서 믿음으로 믿음에 이르게 하나니 기록된 바 오직 의인은 믿음으로 말미암아 살리라 함과 같으니라 만일 우리 믿는 자들이 스스로 의롭게 되고자 애쓰고 노력하는 것을 멈추고 그리스도의 의가 우리의 내면을 변화시키도록 허락해 드린다면 어떻게 될까?

의는 우리가 창조된 존재로 회복되는 것이 아니다. 하나님의 본성과 성품, 그리고 아버지와의 완전한 관계로 회복되는 것이다. 우리의 과거, 우리가 한때 누구였고 무엇을 어떻게 해왔으며 누구와 함께했는지는 중요하지 않다. 중요한 것은 우리 한 사람 한 사람을 사랑하셔서 우리 모두에게 의의 선물을 값없이 주신 분이다. 의는 선물이며, 우리는 자유 의지로 이 선물을 받는다. 이것은 강요된 것이 아니다.

아바 아버지께서 주시는 이 소중한 선물을 받겠는가?

고린도전서 15:34

깨어 의를 행하고 죄를 짓지 말라 하나님을 알지 못하는 자가 있기로

내가 너희를 부끄럽게 하기 위하여 말하노라

나는 우리가 이 의에 대해 깨우침을 얻기를, 그리고 그로 인해 승리하며 살아가기를 기도한다!

믿음의 문제

믿음은 이 책에서 나루고사 하는 또 나른 중요한 개념이나. 치유

와 관련된 믿음에 대해서는 11장 "끈질긴 믿음"에서 더 자세히 다루겠지만, 지금은 먼저 무엇이 믿음이고, 무엇이 믿음이 아닌지 분명히 알아보자.

우선 믿음은 우리가 충분히 끌어모으기만 하면, 내켜 하지 않으시는 하나님으로부터 억지로 치유를 끌어낼 수 있는 수단이 아니다. 만약 그런 것이라면, 결국 우리 행위에 관한 문제가 되어버린다. 그런데 믿음은 결코 그런 것이 아니다. 우리는 믿음에 대해 필요로 하는 것을 받기 위해 애쓰거나 하늘이 들어주실 만큼 충분한 기도를 쌓아 얻어 내는 것으로 착각하는 함정에 빠져 있다. 이것은 우리가 구하기도 전에 이미 우리의 필요를 아시는 사랑의 아버지의 마음을 이해하지 못하기 때문이다(사 65:24). 하나님은 그분의 사랑으로 십자가에서 다 이루신 예수님의 사역 가운데 우리를 위해 모든 것을 미리 마련해 두셨으며, 우리가 그것을 받기를 원하신다! 우리가 이 사실을 확신하게 되면, 그분의 선하심과 하늘의 풍성함 가운데 안식하는 자리에서 기도할 수 있게 된다. 바로 이것이 믿음이다.

신앙의 여정 중에 만난 많은 사람들이 그들 개개인을 향한 아버지의 마음을 거의 이해하지 못하고 있었다. 그들은 다른 이들을 향한 하나님의 선하심과 사랑은 쉽게 믿으면서도, 자기 자신을 향한 그분의 사랑은 받아들이기는커녕 깨닫지도 못했다. 어떤 이들은 하나님이 그들을 치유해 주시더라도 그것은 단순히 그 기적을 통해 다른 누군가에게 전도하거나 영향을 미치는 데 더 관심이 있으시기 때문이라고 생각한다. 어떤 사람은 나의 사역을 받으면서 종종 다음과 같이 말하곤 한다. "만약 하나님이 저를 치유해 주시기만 하면, 그것은 …(가족이나 의사 등 다른 사람들)에게 정말 놀라운 간증이 될 텐데요…" 나는 보통 그들의 말을 잠시 멈추고 다음과 같이 말한다. "하나님은 누군가에게 전할 간증을 얻기 위해 당신을 치유해 주시려는 것이 아닙니다. 그분은 오직 당신을 향한 사랑 때문에 당신을 치유해 주고 싶어 하십니다." 이렇게 말하면 그들은 보통 잠시 생각을 멈추게 된다. 지금까지 그들이 믿어 왔던 것이 거짓이었음을 갑자기 깨닫게 되기 때문이다. 하나님은 분명 당신의 간증을 사용하실 것이다. 하지만 간증을 목적으로 당신을 치유하시려는 이유는 아니다.

한번은 어떤 사람이 나에게 다음과 같이 말했다, "저는 30년 동안 주님을 섬기는 선교사였습니다. 그러면서 많은 사람들이 치유받는 모습을 지켜보았습니다. 그러나 지금은 주님이 저를 치유하실 때입니다!" 이 사람의 말에는 자신이 지금까지 다른 사람들을 오랫동안 섬김으로써 기적을 받기 위한 대가를 치렀으니, 이제 하나님이 자기에게 그 빚을 갚으실 때가 되었다는 의미가 내포되어 있었다. 하지만 치유는 섬김이나 봉사, 시간, 헌금 등 우리가 대가를 치렀다고 생각하는 것과는 아무 관련도 없다. 우리가 무엇을 했고 하지 않았는지는 중요한 것이 아니다. 그분이 이루신 일이 가장 중요하며 전부이다. 이것은 단순히 우리 각 사람을 향한 아버지의 마음, 사랑에 관한 것이다. 우리는 십자가를 자기 자신을 위한 사역으로, 그리고 그러한 사랑으로 받아들여야 한다. 이 사랑은 우리 각 사람에게 값없이 풍성하게 개별적으로 주어진다.

기적을 위해 대가를 치러야 한다는 개념

잘못된 믿음의 또 다른 형태는 사람들이 기적을 받기 위해 대가를 치러야 한다고 생각하는 것이다. 몇 년 전, 어떤 팀과 함께 해외에서 사역하던 중 우리는 대단히 유명한 어느 사역자를 만날 기회를 얻게 되었다. 나의 인생에서 대단히 강력하고 영향력 있는 순간이었다. 우리 인턴들과 나는 그분과 점심을 같이하고 함께 예배드린 후 그분께 기도도 받았다. 이러한 집회 가운데 암으로 고생하는 어느 귀한 여성분이 우리가 그녀가 사는 나라와 도시에 와 있다는 사실을 우연히 알게 되었고, 우리에게 기도 받기를 바라며 집회가 끝날 때까지 3시간 넘게 기다리고 계신다는 내용의 메모를 전달받았다. 우리는 그녀에게 그리스도의 치유 능력으로 사역할 시간을 마련했다.

사역을 마쳤을 때 그녀는 자신의 가방에서 내가 지금까지 본 것 중 가장 두꺼운 돈 다발을 꺼냈다. 그리고 그것을 테이블 건너편에 있는 우리에게 밀어 주며 "이것은 당신을 위한 거예요"라고 말했다. 이러한 상황에 하나님의 음성을 들을 필요도 없었지만, 곧바로 "그것을 받지 마라"고 말씀하시는 하나님의 음성을 들었다. 그래서 나는 살며시 그것을 거절하며 그녀에게 대답했다. "당신이 오늘 받으신 기적은 이미 대가가 지불되었습니다. 이 돈으로 자신을 위해 멋진 것을 선물하는 게 어떨까요?" 존중과 감사는 선한 감정들이지만, 그것과 기적을 값을 치르고 살 수 있다는 믿음 사이에는 엄청난 차이가 있다. 그런데 그녀가 시도하고 있는 것은 분명 후자였다.

(기적 혹은 치유를 받으려면) 무언가를 대가로 지불해야 한다는 믿음에는 또 하나의 어두운 면이 존재한다. 또 다른 집회에서 말씀을 전하다가 크게 성공한 어느 사업가와 점심을 함께할 기회가 생겼다. 그 자리에서 그는 많은 질문을 던지며 나에게 마음을 열기 시작했다. 그와 그의 아내는 생후 몇 주 만에 아이를 잃었는데, 그때 마침 그들의 부유함을 잘 아는 목사님이 그들을 찾아왔다고 했다. 그는 그들 부부가 자기에게 큰돈을 헌금했더라면 아기를 잃는 일을 막을 수 있었을 것이라고 말했다. 그 목사는 계속해서 상당한 금액의 후원금을 준다면, 앞으로는 그러한 상실을 겪지 않게 될 것이라고 했다. 그 사업가는 나에게 이것에 대해 어떻게 생각하는지, 이러한 관행이 통상적인 것인지 물었다. 나는 그에게 그렇게 교묘하게 사람을 조종하는 행태에서 최대한 빨리 벗어나라고 조언했다!

이와 같은 이야기를 들을 때마다 나는 마음이 아프다. 위 사례만큼 노골적이지는 않지만, 안타깝게도 오늘날 이런 식의 "사역"을 흔히 볼 수 있는 듯하다. 기적은 (우리의 행위나 돈으로) 살수도 팔수도 없다. 우리는 치유 사역자로서 절대로 치유의 기적을 팔려고 하거나 타인이 그 대가로 우리나 우리 사역에 무언가 지불하기를 기대해서도 안 된다.

나는 이러한 관행들 때문에 수년 전부터 많은 치유 사역자들이 TV 방송에 나오는 것을 보지 않게 되었다. 기적을 받기위해 돈을 기부하거나 기적의 오일 또는 성수를 사게 함으로써 사람들에게 "씨앗을 심으라"고 요구하거나 심지어 강요하는 경우가 많다는 사실에 거부감이 들었다. 도대체 치유 사역이 어쩌다가 고통받는 사람들에 대한 사랑과 긍휼, 그리고 순전히 그리스도의 능력과 피 묻은 십자가에서 이루어진 대속만으로 사역하기보다 돈에 더 초점을 맞추게 되었을까? 물론 나는 기적이 일어날 가능성을 높여 주는 일에 반대하는 것은 아니다. 다만 그런 일에 동참하고 싶지 않을 뿐이다. 슬픔에 빠져 있는 사업가 친구를 이용하여 자기 이익을 취하려 했던 그 목사님처럼, 이런 식의 '사역'은 아버지께서 거저 주신 이 아름다운 선물을 마치 돈을 받고 파는 것처럼 느껴진다.

예수님은 마태복음 10장 7~8절에서 다음과 같이 말씀하셨다. "너희가 거저 받았으니 거저 주라." 나는 우리 가운데 많은 이들이 거저 받는 법을 모르기 때문에 거저 주는 법도 모르는 게 아닐까 하는 생각이 든다. 예수님께 무엇을 받기 위해 반드시 대가를 치러야 한다는 잘못된 믿음에 사로잡혀 있으면, 우리가 다른 이들을 섬기기 전에 그들에게도 대가를 지불하도록 요구하는 것이 당연하게 여겨질 것이다. 이것은 완전히 잘못된 생각이다.

지금은 교회 가운데 그리스도 복음의 단순함을 회복시켜야 할 때이다. 이제 우리가 이 세상이 지금까지 본 적 없는 가장 크고 위대한 치유의 부흥을 경험하게 될 것이다.

만일 치유가 필요해서 이 책을 읽고 있는 것이라면, 나는 당신이 그것을 얻기 위해 어떤 노력을 하거나 대가를 치를 필요가 없다는 점을 분명히 하고 싶다. 뿐만 아니라 오히려 이렇게 권면하고 싶다. 치유받으려면 심지어 기도를 받을 필요도 없다. 단순히 복음의 좋은, 기쁜 소식이라는 진리를 받아들임으로써 치유받을 수 있다. 복음의 진리가 우리의 삶에 들어올 때, 치유받을 준비를 하라.

> 기적을 받기 위해
> 갖춰야 할 자격은
> 우리가 그 기적을 필요로
> 한다는 사실
> 하나뿐이다.
> 그리고 그 기적에 대한
> 값은 예수님의 피로
> 이미 지불되었다.

우리는 치유 받을 자격이 있는가?

비일비재한 잘못된 또 다른 믿음 중 하나는 우리가 치유받을 자격이 있거나, 혹은 없다고 생각하는 것이다. 수년간 많은 이들이 자신은 치유받을 자격이 없다고 말해 왔다. 대부분 이 믿음은 거짓된 겸손에서 비롯되는데, 이것은 사실상 교만이다. 이 교만의 배후에는 종교의 영이 있을 가능성이 높다. 이것은 우리가 "은혜로 구원받은 죄인"이기에 치유의 손길을 포함하여 무엇이든 주님이 주시는 선하고 좋은 것을 받을 자격이 없다고 말하기를 좋아한다. 이러한 신념은 우리에게서 믿음을 빼앗아 은혜의 보좌 앞에 담대함이나 확신이 없이 나아가게 만든다. 하지만 그보다 더 안 좋은 것은 우리가 자신도 모르는 사이 십자가의 능력 자체를 부인하고 있다는 사실일 것이다.

법이나 규칙에 따라 살아가도록 우리를 속이는 종교, 그리고 우리의 원수인 사탄과 그 세력들은 치유를 우리의 행위와 연결시켜 그럴 만한 자격이 없다고 여기게 만들 것이다. 우리의 행위로는 결코 충분할 수 없다. 그러나 그것은 단지 사실이 아닌 것에 불과하다. 우리가 치유받을 수 있는 이유는 예수님이 그 대가를 치르셨기 때문이다. 우리는 그분의 보혈로 이미 치유받기에 합당한 존재가 되었으며, 그것만으로도 이미 충분하고도 넘친다. 이것은 우리의 공로와는 아무런 관련이 없다. 우리가 무엇을 했는지 하지 않았는지는 상관없다. 이것은 예수님이 행하신 일과 관련이 있다. 다시 말하지만, 우리의 공로는 중요하지 않다. 우리가 얼마나 선하고 훌륭한지가 아니라 그분이 얼마나 선한 분인지에 의해 자격을 얻게 된다.

종교가 이와 같이 우리의 부족함을 상기시켜 우리를 향한 아버지의 사랑과 선하심, 그리고 우리에게 필요한 모든 것을 풍성하게 공급해 주시는 분이라는 믿음을 빼앗아 버리는 역할과 작용을 하는 것은 안타까운 일이다. 그리하여 결국 우리는 왜 삶 가운데 치유가 일어나지 않는지 의문을 품게 된다. 우리 가운데 육신의 치유를 받을 자격이 없다고 생각하는 이들은 먼저 이러한 잘못된 신념의 근본적인 문제부터 치유받아야 하는 경우가 많다. 그렇게 될 때 비로소 우리 몸의 치유를 받을 수 있는 자유를 얻게 될 것이다.

"부족하다"는 의식과 관련된 또 다른 사고방식은 "우리는 치유받을 자격이 있다"는 생각이다. 이것은 앞서 언급한 선교사의 경우로, 그는 주님을 오랫동안 섬겼기에 이제는 자신이 치유받을 차례라고 기대했다. 이러한 믿음에 대한 나의 답변은 동일하다. 만일 자신의 의로움 때문에 치유받을 자격이 있다고 생각한다면, 마찬가지로 (내면이나 관점 등) 당신이 인지하지 못하는 방식의 치유, 곧 하나님의 은혜에 대한 오해를 먼저 치유받을 필요가 있다.

우리 중 누구도 치유받을 자격이 없다. 사실 우리가 자기 의에 의존한다면, 구약 율법의 저주 아래로 다시 들어가는 것이기에 정반대의 결과를 받을 수밖에 없다. 그러나 바로 이 지점에서 우리는 하나님의 사랑과 은혜의 아름다움을 보게 된다. 예수님은 우리가 마땅히 받아야 할 것을 대신 취하셨다. 그분이 우리 죄를 짊어지셔서 우리가 그분의 의가 되게 하셨고(고후 5:21), 죄와 율법의 저주에서 우리를 자유롭게 하셨다(갈 3:13). 그리하여 이제 우리는 흠 없고 죄 없는 아들이신 그분께 합당한 것을 받을 수 있게 되었다. 이 내용은 Part 2 "받은 기적 유지 관리하기"에서 조금 더 상세하게 살펴보겠다.

절박함

오랫동안 교회에서 목회자들이 치유를 위한 믿음을 북돋아 주기 위해 다음과 같은 말을 하는 것을 여러 번 목격했다. "당신은 지금 얼마나 절박한가요?" 나는 진실로 우리가 강대상에서 사용하는 단어와 표현의 선택에 더 신중해야 한다고 믿는다! 이런 식의 표현 때문에 사람들은 너무나도 쉽게 고군분투하며 애쓰는 길로 빠지게 된다. 돌파가 그들에게 얼마나 절박한지에 달려 있다고 믿게 만들기 때문이다. 절박함이 어느 정도의 역할을 할 수는 있지만, 그것은 오직 자기 자신의 한계에 도달하여 순복하는 자리로 인도해 들이기 위함이어야 한다. 바로 이 순복의 자리에서 십자가의 능력이 아무런 제약 없

절박함은 기적을
받기 위한
필수 조건이 아니다.

이 우리의 삶을 통해 흘러갈 수 있게 된다. 절망 가운데 나를 찾아온 거의 대부분의 사람들은 좋은 상태가 아니었다. 그들은 좌절하고 두려움이 가득하며 스트레스를 받고 있는 경우가 많았다. 그런 상태에 있는 사람들은 종종 불신에 빠지게 된다. 나는 우리가 치유를 위해 일어나 싸워야 하는 것은 분명히 믿지만, 그것은 절박함과는 완전히 다르다고 생각한다. 단순히 절박함이 치유의 열쇠라면, 우리는 모두 치유받지 않았을까?

간단히 말해 기적을 받기 위한 유일한 자격 요건은 우리의 필요이다. 당신에게는 치유가 필요한가? 만일 그렇다면 이미 치유하시는 그분의 손길을 받을 만한 자격을 갖춘 것이다! 이 자격은 값비싼 대가를 치르고 얻은 것이지만, 그 값은 예수님의 보혈로 이미 완전히 지불되었다. 우리의 치유에 대한 대가는 갈보리에서 완전히 치러졌다. 그러므로 우리가 할 일은 오직 그것을 받아들일 준비를 하는 것뿐이다.

이제 우리를 가로막고 있던 모든 (잘못된) 믿음들을 버리고 아버지의 마음과 그분의 은혜, 그리고 그분의 말씀에 우리 자신을 일치시킬 때이다. 우리는 지금 바로 시작할 수 있다! 큰 소리로 다음과 같이 선포하라.

"예수님이 대가를 치르신 덕분에 나에게 필요한 치유는 이미 나의 것이다!

내가 무엇을 하고 하지 않았기 때문이 아니라, 예수님의 보혈로 인해 나는 그것을 받을 자격이 있다. 예수님이 이루고 성취하신 일 때문에 치유는 나의 것이 되었다!"

단 한 번에 영원히

오늘날 교회에서 흔히 볼 수 있는 또 다른 오해는 하나님이 하늘에 앉으셔서 누구를 치유하고 치유하지 않으실지 결정하신다는 신앙이다. 만일 이렇게 믿고 있다면, 우리는 그분의 호의와 은총을 얻기 위해 성경 읽기와 십일조, 혹은 기도 등의 희생과 헌물을 드리려 할 수도 있다. 그러나 그분은 아무것도 요구하지 않으셨다. 우리가 노력하고 애쓰더라도 그것은 전혀 도움이 되지 않을 뿐만 아니라 오히려 실망만 가져올 것이다. 그리스도는 사람을 차별하지 않으신다. 그분이 한 사람을 위해 행하신 일은 우리 모두를 위해 행하신 일이었다. 더 이상의 결정은 필요하지 않다. 그럼에도 불구하고 우리는 치유와 하나님의 축복을 얻으려고 애를 쓰곤 한다. 그리고 다른 모든 잘못된 믿음들처럼 결국 왜 우리가 실패하는지 궁금해 하게 된다.

우리는 예수님이 십자가에서 우리를 위해 이루신 일을 분명히 알아야 한다. 옛 언약 아래에서는 매년 대속죄일에 대제사장이 성전(초기에는 성막)에 들어가 지성소에서 희생제물을 드렸는데(레 16장), 이 희생제물은 이스라엘 백성이 지난 한 해 동안 지은 죄에 대한 대가를 치르기 위한 것이었다. 이것은 대단히 중요한 일이었다. 하나님의 임재가 거하시는 이 지극히 거룩한 곳에 감히 다른 누구도 들어갈 수 없었다. 주님 앞에 드려진 예물의 온전함이 이스라엘이 속죄를 받을지, 그리고 다가오는 해에 축복을 받을지를 결정했다. 이것은 결코 "좋아, 그럼 내일 제사를 드리자!" 하는 식으로 즉흥적으로 내리는 결정이 아니었고, 실제로 준비하는 데 수개월이 걸렸다. 땀을 흘리지 않도록 특별히 제작된 세마포 옷부터 제물의 질에 이르기까지 모든 것이 완벽해야 했다. 예물은 흠이 없는 것이어야 했다.

안타까운 사실은 오늘날의 믿는 자들이 동일한 원리를 새로운 언약 안으로 가지고 들어오는 경향이 있다는 것이다. 하나님이 기쁘게 받으셔서 축복해 주시려면 우리 자신이 대제사장의 역할을 수행하여 완벽한 예물, 곧 우리의 완벽한 순종과 희생이라는 예물을 드려야 한다고 생각하는 것이다.

그러나 새 언약 아래에서는 예수님이 우리의 대제사장이시다. 그분은 제물을 가져오셨을 뿐만 아니라, 친히 우리의 완벽한 예물, 즉 하나님의 어린양이 되어 주셨다. 그래서 이제 우리는 완전히 용서받고 참된 복을 누릴 수 있게 된 것이다. 예수님은 결코 염소나 소의 피로 대가를 치르지 않으셨다. 그분 자신의 피로 그 값을 치르셨다. 그분은 하늘의 지성소, 즉 아버지의 임재 안으로 들어가셔서 자신을 흠없고 완전한 예물로 드리셨다. 이러한 그리스도의 제사는 단 한 번의 사건으로, 결코 다시 반복되거나 다른 누가 대신할 필요가 없다. 그분은 십자가에서 "다 이루었다!"고 선포하셨다. 그리고 그분의 희생이 단 한 번에 영원히 열납되면서 하늘에 계신 아버지의 우편에 앉으셨다.

히브리서 9:11~15

그리스도께서는 장래 좋은 일의 대제사장으로 오사 손으로 짓지 아니한 것 곧 이 창조에 속하지 아니한 더 크고 온전한 장막으로 말미암아 염소와 송아지의 피로 하지 아니하고 오직 자기의 피로 영원한 속죄를 이루사 단번에 성소에 들어가셨느니라 염소와 황소의 피와 및 암송아지의 재를 부정한 자에게 뿌려 그 육체를 정결하게 하여 거룩하게 하거든 하물며 영원하신 성령으로 말미암아 흠 없는 자기를 하나님께 드린 그리스도의 피가 어찌 너희 양심을 죽은 행실에서 깨끗하게 하고 살아 계신 하나님을 섬기게 하지 못하겠느냐 이로 말미암아 그는 새 언약의 중보자시니 이는 첫 언약 때에 범한 죄에서 속량하려고 죽으사 부르심을 입은 자로 하여금 영원한 기업의 약속을 얻게 하려 하심이라

순종

우리는 하나님의 치유와 축복이 우리의 순종과 헌신, 그리고 희생에 대한 응답으로 내려온다고 생각할 수 있다. 이 문제에 대한 나의 발언으로 사람들이 내가 순종이 중요하지 않다고 말하는 것으로

오해하기도 한다. 하지만 내가 여기서 하는 말을 잘 들어주기 바란다. 순종은 지극히 중요하다. 하지만 치유와 축복과 같은 하나님의 선물을 받는 것에 있어서 핵심은 "그것이 누구의 순종인가?"이다. 지금쯤이면 답을 알 것이라고 믿는다. 그렇다, 우리의 순종이 아니다! 우리는 그리스도의 순종을 통해 치유받는 것이며, 마찬가지로 그분의 순종을 통해 또한 복을 받는 것이다.

이것을 다른 방식으로 표현해 보겠다. 만일 우리가 복이나 치유를 받기 위해 반드시 순종해야만 한다고 생각한다면, 그것은 우리의 오랜 원수인 종교적 행위를 추구하는 율법주의와 다를 바 없지 않은가?

복음의 메시지를 진정으로 이해하기 시작하면, 우리는 복이나 치유를 받기 위해 순종을 이용하려 하지 않을 것이다. 오히려 사랑이 풍성하신 아버지의 사랑받는 아들과 딸로서 우리가 이미 복을 받았다는 확신을 가지고 있기에 기꺼이 순종하게 될 것이다.

그분의 자녀로서 나의 마음은 신속한 순종으로 그분께 반응하는 것에 온전히 헌신되어 있다. 이런 나의 관점으로 사는 방식은 함정에 빠지기 쉬운 행위주의의 문제를 다루면서 십자가의 완성된 사역 안으로 나를 이끈다. 만일 이것이 내 행위에 달려 있었다면, 곧 나의 연약함에 부딪혀 불신으로 가득 차게 되었을 것이다. 그리고 그런 불신은 유익한 결과를 거의 혹은 전혀 만들어내지 못한다. 십자가의 완성된 사역에 집중함으로써 나는 믿음으로 은혜를 통해 모든 것이 가능하다는 것을 분명히 깨닫고 단순히 신뢰하는 자리로 나아갈 수 있게 된다. 불신은 우리를 애쓰게 만들어 우리의 부족함에 잘못된 초점을 맞추게 하지만, 십자가의 완성된 사역에 대한 믿음은 예수님이 이미 값을 치르신 것에 대한 신뢰로, 우리를 자유롭게 한다.

율법의 속박으로부터의 자유?

나는 성경 이야기 속에서 공통된 주제를 찾는 것을 좋아한다. 어느 날 예수님이 치유하신 이야기를 읽다가 다음 두 이야기에서 흥미로운 공통점을 발견했다. 마태복음 8장 5~13절의 로마 백부장 이야기와 마태복음 15장 21~28절의 가나안 이방 여인에 관한 이야기. 복음서 전반에 걸쳐 예수님이 사람들의 믿음을 인정하신 사례들은 많지만, "큰 믿음"을 인정하신 경우는 이 두 경우뿐이었다. 이 두 위대한 믿음의 영웅들을 조금 더 자세히 살펴보자.

백부장: 이방 나라인 로마 제국의 군인이었다. 로마는 유대 민족을 정복하고 지배한 나라로, 대부분 그들을 경멸하여 의심의 눈초리로 바라보며 여러 차례 박해했다. 로마가 지배하는 영토 곳곳에 법과 질서를 유지하기 위해 임명된 백부장들이 배치되어 있었다. 로마 군인들은 거친 부류의 사람들로, 백부장 직위에 오른 사람이기에 특히나 더 그랬을 것이다. 그럼에도 그는 분명 자신의 종을 아꼈고, 그 종이 치유받는 모습을 보고 싶었다. 그리고 예수님에 대해 들은 어떤 이야기가 그의 마음을 움직였다.

이방 여인: "가나안 여인"으로서 그녀 역시 이스라엘, 즉 하나님이 택하신 백성과 적대 관계에 있던 문화와 혈통 출신이었다. 그뿐만 아니라 가나안 사람들은 심지어 인신 공양까지 하는 우상숭배의 배경을 지니고 있었으며, 이것으로 악명이 높았다. 그녀의 딸이 귀신 들렸다는 사실 자체가 그들이 어떠한 일들에 빠져 있었는지 짐작케 한다. 그러나 이 어머니 역시 예수님에 대해 듣고 그분께 자신의 딸을 도울 능력이 있다는 것을 알았다.

배경으로 볼 때 백부장과 이방 여인 모두 예수님이 대표하고 나타내시는 가치들을 대적하는 문화에서 자라났다. 그들은 유대교의 율법 아래 있지 않은 이방인들로, 율법에 대해서도 거의 알지 못했다. 그럼에도 불구하고 그들의 이야기가 대단히 놀라운 것은 "큰 믿음"을 가졌다고 예수님의 칭찬을 받았기 때문이다.

나는 한참을 생각하다가 문득 깨달았다. 예수님이 그들을 그와 같이 칭찬하신 이유는 아마도 두 사람 다 유대인이 아니었기 때문일 것이다. 따라서 그들은 당시 유대인들이 지켜야 했던 구약의 율법 613조항에 얽매이지 않았다. 어떤 의미에서 그들은 그 율법들을 완전히 무시하고 예수님께 나아온 셈이었다. 우리가 율법이나 규범을 지키는 것에 대한 인식 자체가 없을 때 치유가 더 자유롭게 흐르는 것은 아닐까? 흥미로운 사실은 누가복음에 기록된 백부장 이야기에서 예수님께 나아와 치유의 기적을 간청한 유대 장로들이 그에 대해 다음과 같이 말했다는 것이다. "이 일을 하시는 것이 이 사람에게는 합당하니이다 그가 우리 민족을 사랑하고 또한 우리를 위하여 회당을 지었나이다"라고 말했다(눅 7:4~5). 아마도 이들은 예수님이 보통 이방인들에게는 사역하지 않으신다는 것을 알고 있었기에, 이 사람에 대해서는 예외를 두도록 설득하려 했던 것 같다. 아마도 행함이 축복을 가져온다는 깊이 뿌리박힌 믿음도 있었을 것이며, 마침 이 백부장에게는 "행함"이 있었다.

우리가 규칙들을 더 배우고 지키려 할수록 종교적 활동과 행위에 더 중점을 두게 된다. 우리의 관심은 예수님과 그분이 무엇에 대한 대가를 이미 치르셨는지 보다는 우리 자신과 자격을 얻기 위해 우리가 해야 할 일들로 향하게 되는 것이다.

종교가 바로 이와 같다. 하나님과의 친밀한 관계로 들어가서 그분으로부터 받기 전에 먼저 우리가 그분을 기쁘게 해 드리기 위해 반드시 해야 할 일들에 더 초점을 맞추게 하는 것이다. 하지만 복음의 기쁜 소식은 종교적인 것이 아니다. 이것은 하나님이 예수님을 통해 이미 과거에 이루신 일에 관한 것으로, 우리는 그분을 믿음으로써 지금 이 순간, 즉 현재에 이미 하나님을 기쁘게 해 드리고 있음을 알게 된다. "소식"(news)이라는 말 자체가 이미 과거에 벌어진 일에 대한 보고, 기록을 의미하기에 더 이상 변경하거나 추가할 수 없다. 만일 그것이 미래의 사건이라면 아직 일어나지 않았기에 우리가 무언가를 하여 바꿀 수 있을 것이다. 그러나 복음의 기쁜 소식은 이미 다 이루어진 일이다! 우리가 할 수 있는 일이 아무것도 없다.

우리는 종종 이러한 진리를 받아들이기 어려운 경우가 있다는 사실을 깨닫게 된다. 율법주의적 사고방식과 규칙 준수를 고집하는 이들이 종종 하는 말이 있다. "은혜에 대해 듣기는 했지만, 계명을 지키는 것도 여전히 매우 중요합니다." 실상 이런 사람들 대부분은 십계명을 제대로 (순서대로는 더더욱) 외우지도 못할 것이다. 또 만일 치유가 순전히 순종에 달려 있다고 생각한다면, 왜 십계명만 지켜야 하는가? 구약의 율법 613조항을 전부 지켜야 하지 않겠는가! 그리고 또 다른 문제가 있다. 계명을 지키는 것에 따라 치유받을 것이라고 믿는다면, 그 자격을 얼마나 잃어버리기 쉬운지 아는가? 생각해 보라. 금요일 해 질 녘부터 토요일 해 질 녘 사이에 한 번이라도 이메일을 확인하면 네 번째 계명인 안식일을 어긴 것이다. 그러므로 오늘은 치유받을 수 없게 된다!

나는 예수님이 왜 안식일에 정기적으로 사람들을 치유하신 것처럼 보이는지 종종 궁금했다. 안식일이면 사람들이 어떠한 일도 해선 안 되기에 그날은 행위 중심으로 사고하지 않는다는 것을 아셨기 때문일까?

복 받으려면 순종해야 한다는 이야기들을 많이 한다. 물론 앞서 말했듯이 나도 순종의 중요성을 믿는다. 하지만 순종을 마치 아버지의 복을 얻어내기 위한 하나의 조건처럼 오해할 때, 그것은 단순히 율법주의적 행위에 불과한 것이 된다. 사실 우리는 지나치게 행위에만 집중하여 복을 받지 못하게 되었다.

치유는 의심할 여지없이 순종에 관한 것이지만, 앞서 살펴본 바와 같이 핵심은 누구의 순종이냐는 것이다. 우리의 치유는 예수님의 순종과 그분이 치르신 대가와 관련이 있다. 부디 내가 불순종을 지지

하거나 옹호하는 것으로 보이지 않기 바란다. 내 마음속에는 개인적인 순종에 대한 갈등이나 부딪침이 전혀 없다. 실제로는 순종하겠지만, 축복을 얻어내기 위해서 그렇게 하지는 않을 것이다. 나는 예수님 덕분에 이미 복을 받았고, 오히려 이 때문에 순종하고 싶어진다. 우리 마음 가운데 이러한 차이를 분명하게 정립하지 못한다면, 우리는 행위주의의 함정에 빠져 버려 예수님이 아니라 우리 자신의 노력이 삶의 중심이 되어 버릴 것이다.

갈라디아서 3:5

너희에게 성령을 주시고 너희 가운데서 능력을 행하시는 이의 일이
율법의 행위에서냐 혹은 듣고 믿음에서냐

나는 사람들이 자신들을 향한 하나님 아버지의 마음을 알게 되기를 간절히 바란다. 종교는 우리에게 너무나도 많은 거짓말을 팔아왔는데, 우리의 행위에 의해 치유가 임한다는 말도 이 중 하나이다. 오늘날 기독교에서 목격하는 많은 것들이 행위 중심적이다. 우리는 교회들에 성과를 내도록 강요한다. 수년간 교인들이 게을러지지 않도록 성과를 내게 해야 한다는 교회 지도자들의 말을 수도 없이 들어 왔다. 그러나 이러한 목사님들은 단지 십자가의 능력을 제대로 이해하지 못하고 있을 뿐이다. 그들은 부지런하고 열정적인 일꾼들을 만들어내고자 사람들을 몰아붙이기만 하다가 어째서 회중 가운데 번아웃(탈진)이 만연해 있는지 궁금하게 여긴다! 게으른 사람을 만들

까 봐 두려워하는 마음이 교회에 큰 해를 입혀 왔다.

우리가 진실로 예수 중심의 메시지를 전함으로써 그리스도를 교회의 중심에 다시 모신다면, 사람들이 와서 그분께 완전히 사로잡히는 놀라운 장소를 만들게 될 것이다. 이러한 곳은 그리스도를 사랑하는 이들로 가득한 건강한 교회를 만들게 된다. 그리고 이들은 훨씬 더 훌륭한 일꾼이 되어 노력하고 애쓰지 않아도 자연스럽게 더 많은 일들을 이루어낸다. 믿는 자가 구하고 애써야 할 유일한 일은 하나님의 안식 안에 들어가는 것이다! 우리가 복음, 즉 좋은 소식을 전하고 있다면, 사람들에게 더 열심히 노력하거나 잘 행동하도록 강요하는 대신, 믿음의 장소를 만들어내는 것만으로도 실제로 더 많은 성취를 보게 될 것이다. 우리가 사람들을 성과(곧 선행) 중심적인 사람들로 만들 때, 자신도 모르는 사이에 그들에게 기적을 얻어내기 위해 선행을 해야 한다고 생각하도록 훈련시키고 있는 것이다. 우리는 그들에게 "하나님을 위해" 무엇을 행하는 것이 아니라 "그분과 함께" 행한다는 사실을 가르쳐야 한다. 가장 중요한 것은 예수님과 그분이 무엇에 대한 대가를 치르셨는지이다.

결국 핵심은 그리스도와 피 묻은 십자가이다. 우리 중 많은 이들이 마음속에 오직 의심만 일어나는 분위기, 환경 가운데 살아가고 있다. 지금은 하나님의 백성들 안에 믿음이 일어나야 할 때이다. 이제 세계 열방을 가로지르며 누비는 가장 크고 위대한 치유 운동이 나타나야 한다. 그리스도의 몸인 우리가 복음의 핵심이 되는 메시지로 돌아가야 할 때이다.

이제 로마 백부장과 가나안 여인 이야기로 돌아가서 이번 장을 마무리하고자 한다. 그들은 복음이 진정 어떠한 것인지를 보여 준다. 이방인 출신임에도 불구하고 예수님의 사랑 덕분에 하나님과 우리 사이에 아무런 장애물도 없음을 입증하였다. 저마다의 과거와 상관없이 우리는 그분의 손길과 치유의 은혜를 경험할 수 있다!

Chapter 2

바르게 분별하기

진리를 아는 것이 우리를 자유롭게 한다

디모데후서 2:15

너는 진리의 말씀을 옳게 분별하며 부끄러울 것이 없는 일꾼으로 인정된 자로 자신을 하나님 앞에 드리기를 힘쓰라

나는 사람들이 치유받는 모습을 보기를 열망한다. 병이나 질환은 (마치 하나님보다 더 큰 힘을 가진 것처럼) 과대 평가되기는 하지만, 여전히 사람들의 삶과 재정적 안정을 파괴한다. 반면 기적과 치유는 하나님께 영광을 돌려 예수님이 그분의 고난에 대한 보상을 받으신다. 이번 장에서는 옛 언약과 새 언약의 차이점, 그리고 구약의 율법과 예수님이 우리를 위해 값을 주고 사신 자유를 비교, 대조하여 살펴볼 것이다. 이 주제를 이 책 앞부분에 배치한 것은 복음의 좋은 소식을

처음부터 분명히 제시하기 위함이다. 나는 진리를 사랑하지만, (모르는) 진리만으로는 우리를 자유롭게 하지 못한다. 요한복음 8장 32절은 진리를 아는 것, 곧 진리를 옳게 분별하는 것(딤후 2:15)이 우리를 자유롭게 한다고 말씀한다. 그러므로 선한 복음의 진리를 적용해 보자.

율법 *vs.* 은혜

대부분의 믿는 자들은 우리가 더 이상 율법 아래 있지 않다는 사실에 동의할 것이다. 하지만 현실적으로는 우리 중 많은 이들이 옛 언약의 사고방식으로 살아가며 우리의 삶을 규칙과 율법 혹은 율법과 은혜가 어느 정도 혼합된 것에 종속시키고 있다. 이것은 우리가 진정으로 새 언약을 믿지 않거나 믿더라도 그것을 제대로 이해하지 못할 때에 일어날 수 있다.

이렇게 되는 근거 중 하나는 축복과 저주의 장인 신명기 28장에 대한 오해에서 비롯된다. 이 장의 앞부분(1~14절)을 살펴보면, 이스라엘이 순종으로 얻게 될 놀라운 축복들이 나타난다. 그러나 15절부터는 그들이 불순종할 경우 적용될 모든 저주에 대한 훨씬 더 긴 내용들이 이어진다. 이 축복과 저주가 아무리 강력해도 그것들은 율법과 옛 언약 아래 있던 자들을 위해 기록된 것이다. 하지만 우리 믿는 자들은 더 이상 그 위치에 있지 않다. 예수님은 율법을 성취하시고 우리를 새롭고도 더 나은 언약으로 인도해 들이셨다. 그분 안에 있는 한,

> 하나님은
> 그분의 사랑과
> 용서를 받은 자녀들을
> 저주하지 않으신다.

이제 우리는 율법과 그 요구들로부터 자유롭게 되었다. 우리는 끊임없이 어떤 기준에 도달해야 한다는 강박과 그에 따라 무언가 잘못하지 않을까 하는 두려움 대신, 하나님이 풍성하게 공급해 주시는 은혜와 의로 살아갈 수 있다(롬 5:17). 그럼에도 많은 이들은 율법이 여전히 자기들에게 적용되며, 신명기의 축복이 오직 자신의 순종을 통해서만 임한다고 믿는다.

너무도 많은 믿는 자들이 병들고 비참한 상황에 처해 있으며 여전히 죄와 씨름하고 있는 것은 별로 놀랄 일이 아니다. 하나님이 우리를 저주하시는 것이 아니다. 선하신 아버지는 우리를 사랑하신다. 우리가 단순히 진리와 어긋나 버리면서 기독교를 일종의 죄를 교정시키는 종교적 프로그램으로 전락시켜 버림으로써 그 능력을 스스로 박탈해 버렸을 뿐이다. 달리 말해 우리가 하나님의 은혜를 이해하지 못해 스스로 율법으로 회귀하게 되었고, 그로 인해 스스로 절제하고 근신함으로써 기적이나 하나님의 축복을 얻어내려고 애쓴다는 것이다. 이것은 무력한 기독교로 가는 확실한 공식이다.

은혜의 복음

우리는 은혜에 대한 누군가의 가르침을 읽거나 들었을 수도 있지만, 은혜의 참된 의미가 왜곡되거나 잘못 전달되어 하나님의 은혜로 살아가는 삶을 완전히 포기했을 수도 있다. 은혜로 살아간다는 말에 크게 화를 내며 그것을 거의 악담처럼 취급하는 사람들도 있다.

복음이 은혜의 메시지라는 것은 사실이다. 성경 자체가 이것을 "은혜의 복음"이라 부른다(행 20:24). 나는 이 은혜의 복음이 기독교계에서 왜곡되어 잘못된 가르침을 받으며 남용되어 왔고, 그로 인해 많은 믿는 자들이 그것을 거부하게 되었다는 데에 분명히 동의한다. 그들은 그렇게 함으로써 실제로 필요한 것은 버리고 율법으로 돌아가서 마치 하나님의 징계인 것처럼 병을 받아들이거나 혹은 기적을 받기 위해 스스로 애쓰고 노력한다.

지금은 우리가 진리를 바르게 분별하고 십자가를 온전히 이해해야 할 때이다. 옛 언약의 원칙은 다음과 같은 것이었다. "너희가 내 말에 순종하면 복 안에서 살아가게 될 것이요, 내 말에 순종하지 않으면 너희에게는 고통과 어려움이 따를 것이다." 이 율법은 우리가 도저히 충족시킬 수 없는 기준을 세웠기에, 하나님은 우리 대신 그 요구를 이루고 우리에게 새로운 길을 열어 줄 언약의 대리자를 보내 주셨다. 그분의 이름이 바로 예수이다.

요한복음 1:17

율법은 모세로 말미암아 주어진 것이요 은혜와 진리는 예수 그리스도로 말미암아 온 것이라 율법은 인간이 하나님 앞에 올바르게 서기 위해 무엇을 해야 하는지에 대한 기준을 제시한다. 반면 은혜는 우리가 그러한 요구 조건들을 충족시킬 수 없는 존재임을 깨닫게 할 뿐만 아니라, 우리의 현재 상태나 상황이 어떠하든지 있는 그대로를 받아들인다. 그리고 우리가 그리스도의 의를 얻기 위해 노력하거나 그럴 만한 자격을 갖출 필요 없이 그것을 거저 주신다. 이것을 이해하지 못하면, 우리는 "선한" 행동을 통해 하나님의 능력이 흘러가게 하려고 노력할 것이다. 그러나 그분의 능력은 그런 식으로 역사하지 않는다. 그분이 선하시기에 흘러가는 것이다.

그리스도의 몸인 우리가 하나님의 은혜를 경험하기 시작하면, 율법 아래서 올바르게 살아가려고 애쓰던 때보다 우리 안에 더 많은 경건한 행동들이 나타남을 깨닫게 될 것이다. 필연적으로 실패할 수밖에 없는 우리 자신의 힘으로만 겨우 율법을 지킬 수 있다면, 은혜 아래에서는 그분의 힘과 능력이 우리에게 주어진다. 성령이 흐르게 하려면 먼저 교회인 우리의 삶을 정결하게 해야 한다고 말하는 사람들이 있다. 하지만 실상은 은혜의 영이신 그분이 먼저 흐르셔야 그러한 정결함이 이루어진다. 그러면 우리는 거의 노력을 할 필요가 없게 될 것이다. 마치 수영장 한가운데 뛰어들고도 젖지 않기를 바랄 수 없는 것처럼, 하나님의 은혜에 잠기면 우리의 삶이 변화되지 않을 수가 없다.

율법 아래에서 살아갈 때에는 우리가 반드시 성취해야 할 일들에 모든 관심이 집중되지만, 복음은 그런 것이 아니다. 복음은 예수님이 이미 이루신 일에 초점을 맞추는 것이다. 다시 말해, 율법 아래에서는 우리 자신의 순종으로 자격을 얻지만, 은혜의 복음 아래에서는 예수님의 순종하심으로 자격을 얻게 된다.

새 언약은 하나님과 사람 사이의 새로운 약속 혹은 계약을 의미한다. 이 새로운 언약은 옛 언약인 구약이 이제 성취되어 더 이상은 효력이 없다는 뜻이다.

히브리서 8:7

저 첫 언약이 무흠하였더라면 둘째 것을 요구할 일이 없었으려니와

히브리서 8:13

새 언약이라 말씀하셨으매 첫 것은 낡아지게 하신 것이니 낡아지고 쇠하는 것은 없어져 가는 것이니라

안타깝게도 우리는 율법을 사랑하고 그것에 집착하는 것처럼 보인다. 그러나 바로 지금이 이 언약들을 올바르게 이해함으로써 새 언약을 온진히 받아들이고 율법을 마침내 그에 합당한 위치에 돌려보내야 할 때이다. 두 언약의 차이를 제대로 이해하지 못하면, 사람들은 죄와 질병의 속박에 갇히게 된다. 율법 아래에서는 죄가 우리를 압도하여 결국 파멸시키는 전염병과 같다(롬 7:8~11). 하지만 은혜의 복음 아래로 들어가게 되면 죄는 그 권세를 빼앗기고, 그 대신 하나님의 사랑과 그분의 존재와 본성에 대한 모든 것들이 우리에게 잘 옮겨

우리의 행위로 기적을 얻는 것이 아니다.

져 승리하는 삶을 살아가기 시작한다.

이 책은 기적을 받아 유지하는 것에 관한 내용이지만, 그전에 먼저 두 언약을 올바르게 이해하는 것이 대단히 중요하다. 옛 언약의 사고방식이나 옛 언약과 새 언약이 혼합된 사고방식으로 살아가면, 우리가 필요로 하는 기적을 얻어내기 위해 우리의 행위와 성취를 위해 애쓰는 것에 묶이게 된다. 이러한 사고방식은 성령의 흐름을 막아버린다.

율법 vs. 은혜: 부자 청년 관리와 삭개오

몇 년 전 치유 사역의 경험을 쌓고 있던 인턴들과 함께 사역한 적이 있었다. 나는 훈련의 일환으로 그들에게 연구 과제를 부여한 후, 함께 모여 발견한 내용들을 읽고 토론하곤 했다. 그중 하나가 예수님이 행하신 모든 기적을 연구하여 공통점이나 대조적인 생각들을 찾아내는 것이었다. 내가 가장 재미있게 지켜본 토론은 누가복음 18장 18~23절에 기록된 부자 청년 관리와 누가복음 19장 1~10절의 삭개오 이야기에 대한 것이었다.

이제 본격적으로 내용을 살펴보자. 이 구절들은 율법과 은혜를 정말 완벽하게 대비하여 보여 주고 있다. 이 내용은 그룹 모임에서 나눈 것으로 결코 소모적이지 않다. 그리고 이 구절들에는 (여기서 언급할 내용 외에도) 보석 같은 진리들이 훨씬 많이 숨어 있다.

부자 청년 관리는 구원을 받으려면 자신이 어떻게 해야 하는지 알고 싶어 했다. 그는 먼저 예수님을 율법적 호칭인 "선한 선생님"이라고 부르며 말을 걸었다. 이에 예수님도 십계명 중 일부를 인용하며 율법적 관점으로 답변하셨다. 이 청년이 그 모든 것을 충실히 지켰다고 대답하자, 예수님은 다음과 같이 말씀하셨다. "네게 아직도 한 가지 부족한 것이 있으니…"(율법은 바로 이와 같다. 우리의 행위로는 결코 충분한 자격을 갖출 수 없는데, 항상 우리가 행하지 못한 한 가지가 더 있기 때문이다). 이 청년은 선한 행위로 의롭다 함을 얻을 수 있다고 믿으며 최선을 다했다. 하지만 이제 곧 그는 큰 도전을 받게 된다.

이제 누가복음 19장에 나오는 삭개오와 비교해 보자. 삭개오는 "제가 무엇을 해야 합니까?"라고 묻지 않았다. 그는 단지 나무에 올라갔을 뿐이다! 그는 자신이 의롭다 여김을 받는 것에는 관심이 없었다. 그가 원한 것은 오직 예수님을 보는 것뿐이었다.

부자 청년 관리는 선한 사람의 삶을 살았다. 그러나 예수님께 나아왔을 때 그는 자신이 옳게 행한 일들에만 집중하고 있었다. 반면 삭개오는 탐욕스럽게 착취하는 세리로서 죄악된 삶을 살고 있었다. 그는 많은 잘못들을 저질렀고 자신도 그 사실을 알고 있었다. 하지만 이 이야기의 후반부에서 예수님은 바로 이 삭개오를 의롭다고 칭하셨다. 부자 청년 관리가 원했지만 얻지 못한 것, 곧 의의 선물을 삭개오는 구하지도 않았는데 실제로 받게 된 것이다. 부자 청년 관리가 이 지위, 곧 의롭다 함을 얻기 위해 노력하고 있었는데, 삭개오는 그것을 거저 받았다.

두 사람 모두 많은 재물을 가지고 있었다. 이 공통점에 나는 많은 생각을 하게 되었다. 주님께 이 부분에 대해 여쭙자, 그분은 나에게 "그 이야기를 다시 읽어 보라"고 말씀하셨다. 그리고 그렇게 하면서 두 사람의 차이점을 깨닫게 되었다.

예수님은 누가복음 18장 22절에서 이 부자 청년 관리에게 부족한 "한 가지"를 요구하셨다. "(가서) 네게 있는 것을 다 팔아 가난한 자들에게 나눠주라"는 것이었다. 이 요구를 따르는 것이 그에게는 너무 큰 부담이었던 것 같다. 그가 심히 근심하며 떠나갔기 때문이다.

그러나 누가복음 19장 8절에서 예수님은 부자 삭개오에게 소유를 팔아 가난한 자에게 나눠주라는 말씀을 하지 않으셨다. 오히려 삭개오가 자원하여 이렇게 제안했다. "주여 보시옵소서 내 소유의 절반을 가난한 자들에게 주겠사오며 만일 누구의 것을 속여 빼앗은 일이 있으면 네 갑절이나 갚겠나이다."

율법은 요구하고
은혜는 베푼다.

부자 청년 관리는 자신이 가진 것을 전부 나눠주어야 한다는 말씀을 들었지만, 그렇게 할 수 없었다. 삭개오는 그의 소유를 내놓으라는 요구가 없었으나, 스스로 원하여 그것의 절반을 내놓았다. 율법은 우리의 소유물을 꼭 붙잡고 싶어지게 만들지만, 은혜 아래 있게 되면 마음이 너그러워져서 나누고 싶어질 것이다.

우리가 너그럽게 베푸는 삶을 살아가지 못한다면, 어쩌면 율법 아래 살고 있는 것일 수도 있다!

율법은 하나님과 사람 사이에 분열을 가져온다. 부자 청년 관리는 율법 때문에 결국 예수님을 떠나게 되었다. 반면 행위에 근거한 어떠한 기대나 의도 없이 나아온 삭개오는 예수님과의 만남으로 변화되어 기뻐하며 그분과 함께 잔치를 벌였다.

부자 청년 관리는 예수님을 알지 못했다. 그는 예수님을 단지 선생으로만 보았을 뿐, 그분의 사랑을 경험한 적이 없었다. 반면 삭개오는 그 무엇보다도 예수님의 사랑을 먼저 경험했다. "삭개오야 속히 내려오라 내가 오늘 네 집에 유하여야 하겠다."

요한일서 4:10

사랑은 여기 있으니 우리가 하나님을 사랑한 것이 아니요 하나님이 우리를 사랑하사…

요한일서 4:19

우리가 사랑함은 그가 먼저 우리를 사랑하셨음이라

부자 청년은 선한 의도를 가지고 있었지만, 예수님은 그를 자신의 한계에 이르게 하심으로써 자기 행위와 노력으로는 구원받을 수 없다는 사실을 깨닫게 하고 싶으셨다. 나중에 바울이 로마서 7장에서 이야기하는 바와 같이 이것이 바로 율법의 진정한 목적이며 역할이다. 아마도 예수님은 그에게 충격적으로 여겨졌을 것이 분명한 요구를 하심으로써 율법을 충족시키는 것이 얼마나 불가능한 일인지 보여 주고자 하셨을 것이다. 그로 인해 이 청년이 하나님의 은혜가 필요함을 깨닫게 하시려는 것이었다. 하지만 안타깝게도 그는 예수님의 이러한 초청을 놓쳐 버렸다.

반면 삭개오는 있는 그대로 예수님께 받아들여졌고, 사랑과 감사함으로 응답하며 선한 일들을 행하였다. 그의 이야기는 우리가 하나님의 사랑을 받기 위해 헌신하는 것이 아니라, 그분이 먼저 우리를 사랑하셨기에 그분을 향한 사랑으로 헌신하게 된다는 사실을 우리 믿는 자들에게 보여 준다.

수년 전 나의 삶이 복음으로 인해 깊은 영향을 받아 완전히 새로운 시각으로 복음을 바라보기 시작했을 때, 종교적 사고방식을 지닌 몇몇 지도자들과 대화하던 중 반발을 마주하게 되었다. 그들은 나를 (그게 무슨 의미이든) "은혜 설교자"라며 비난했다. 그들에게 은혜는 큰 의미가 없는 것처럼 보였다! 그러나 부자 청년 관리와 삭개오 이야기를 살펴보면, 은혜의 능력과 율법에 기초한 사고방식의 파괴성이 분명히 대비되어 나타난다. 또한 어째서 그러한 사고방식이 사람들에게 치유를 가져오는 성령님의 운행하심을 가로막는지도 짐작할 수 있다.

많은 지도자들이 은혜를 그저 어떤 신학적 개념처럼 취급하지만, 이는 진리와 매우 동떨어진 생각이다. 은혜는 개념이 아니라 실제로 인격이시며, 그분의 이름은 예수이다. 복음의 좋은 소식은 예수님에 관한 메시지, 곧 그분이 누구이신지와 우리를 위해 이미 이루신 모든 일에 대한 메시지이다.

갈라디아서 5:4

율법 안에서 의롭다 함을 얻으려 하는 너희는 그리스도에게서 끊어지고 은혜에서 떨어진 자로다

어떤 사람들은 은혜가 마치 죄를 짓는 것을 허락해 주는 면죄부인 것처럼 말하려 하지만, 이것은 하나님의 진리를 완전히 잘못 이해한 것이며, 복음의 핵심 자체를 왜곡하는 것이다. 복음의 좋은 소식은 사실 우리 삶에서 죄의 권세를 파쇄하는 능력이다. 그로 인해 우리는 죄의 파괴성으로부터 진정으로 자유롭게 살아갈 수 있게 된다. 마찬가지로 우리를 율법으로부터도 자유롭게 해준다. 우리가 율법 아래에서 의롭다 함을 얻으려고 애쓰는 것으로부터 해방될 때, 또한 기적을 얻어내기 위해 노력하거나 대가를 지불해야 한다는 생각에서도 자유로워진다.

또 어떤 이들은 은혜 가운데 행한다는 것이 마치 믿는 자들이 아무것도 하지 않아도 된다는 뜻이라고 오해하는데, 이것은 무관심이나 심지어 게으름에 가깝다. 분명히 하자면, (부자 청년 관리의 이야기에 나타난 바와 같이) 은혜는 분명히 노력으로 얻어내는 것과는 반대되지만, 절대로 노력을 기울이는 것 자체와 반대되는 것은 아니다. 때로는 삭개오처럼 예수님을 보기 위해 스스로 준비하는 노력을 해야 한다.

그는 예수님이 너무도 보고 싶어서 체면이나 수고스러움도 잊은 채 나무 위에 올라갔다. 이것은 자기 목적을 이루기 위해 노력하고 애쓰는 것과는 완전히 다른 일이다.

삭개오가 원하는 것은 오직 예수님을 보는 것뿐이었다. 그런데 그분을 보았을 때 그는 자신이 바라던 것보다 훨씬 더 많은 것을 받게 되었다! 예수님이 그의 집에 귀한 손님으로 오셨을 때, 하나님의 은혜가 그의 마음을 완전히 변화시켰다. 우리가 예수님을 보고 진정으로 그분을 알게 될 때, 필요한 모든 것을 얻게 된다. 복음의 메시지를 진정으로 "이해"하여 예수님이 무엇을 대가로 치르셨고 그 결과 우리가 어떤 존재가 되었는지 제대로 깨닫게 되면, 우리는 더 높은 기준에 부합하는 삶을 살아갈 수 있는 힘을 얻게 된다.

하나님 나라의 메시지를 받아들이는 사람들이 되자. 지금은 우리가 묶임과 율법에서 벗어나 자유롭게 행하며, 주님 안에서 살아가는 자들로서 그분의 자유에 눈을 떠야 할 때이다. 우리는 더 이상 율법 아래 있지 않다! 지금은 하나님 나라가 임한 시대이며, 그 나라는 오직 예수님과 그분이 십자가에서 이루신 일이 전부다. 이제 우리가 왕이신 예수님이 대가를 치르신 모든 것을 받을 때이다. 그분이 율법의 요구들을 다 이루셨기에(마 5:17~20) 우리는 그분의 충만함 안에서 걸을 수 있게 되었다.

당신에게 필요한
기적의 값은
이미 치러졌다.

누가복음 16:16

율법과 선지자는 요한의 때까지요 그 후부터는 하나님 나라의 복음 이 전파되어 사람마다 그리로 침입하느니라

마태복음 6:33

그런즉 너희는 먼저 그의 나라와 그의 의를 구하라 그리하면 이 모든 것을 너희에게 더하시리라

마태복음 6장 33절에서는 실제로 "그의 의"라고 말씀한다. 이것이 바로 우리를 바라보시는 그분의 방식이자 그분이 우리를 어떤 존재로 만드셨는지에 대한 그분의 생각을 보여 준다. 이것은 우리 자신의 의, 곧 자기 의로 성취한 것이 아니다. 지금은 예수님에 의한 개혁의 때이다. 우리가 하나님의 나라와 그의 의를 최우선으로 삼을 때, 지금까지 이 세상에서 본 적 없는 가장 크고 위대한 치유의 부흥을 경험하게 될 것이다. 예수님을 다시 우리의 중심에 둘 때, 우리는 그분의 존재 자체, 곧 그분이 가진 모든 것을 받게 될 것이다!

우리는 옛 언약과 새 언약의 차이를 분명히 앎으로써 진리의 말씀을 올바르게 분별하는 백성이 되어야 한다. 구약의 놀라운 역사를 존중하면서 동시에 우리의 구주이자 왕이신 예수님의 보혈로 기록된 새 언약의 진리와 능력 아래서 행해야 한다.

자유로운 사람들, 하나님의 임재에 사로잡힌 사람들, 예수 중심적인 사람들, 바로 이들이 이 땅을 뒤흔들 것이다. 이들은 영원히 남

을 열매를 맺을 자들이며, 아버지의 참된 본성을 강력히 드러낼 자들이다. 우리는 더 이상 예수님에 대해 아는 것에만 만족할 수 없다. 예수님을 개인적으로 친밀하게 알아야 하며, 우리 모두의 치유자이며 구속자, 회복자, 구원자, 공급자, 그리고 구세주이신 그분의 본성을 알아야 한다.

Chapter 3

저주는 정복되었다

우리는 더 이상 율법 아래 있지 않고 은혜 아래 있다

이러한 치유의 여정에서 만나게 된 진정으로 믿는 신자들의 수는 셀 수 없을 정도이다. 하지만 동시에 우리가 여전히 율법 아래 있다고 생각하는 신자들도 만만치 않다. 지금도 많은 교회들이 계명에 얽매인 율법 중심의 메시지, 즉 더 열심히 노력하고 율법을 지키라는 메시지를 전하기를 좋아한다. 이제 살펴보겠지만, 복음의 좋은 소식이 바로 우리에게 필요한 것이다. 즉 믿는 자들인 우리는 더 이상 율법 아래 있지 않고 은혜 아래 있다는 것이다.

1장에서 언급했듯이 우리가 십계명을 지켜야 한다고 생각한다면 우리의 기독교는 관계 중심이 아니라 행위와 율법 중심이 되며, 우리는 스스로 나시 율법의 저주 아래 놓이게 된다. 만일 기적을 받기 위해 계명을 지키는 것에 대해 염려하고 있다면, 단순히 십계명뿐만 아니라 우리가 치유받기 전에 엄격하게 지켜야 할 모세의 율법 613조항도 있다는 사실을 기억해야 한다.

치유에 관한 아버지의 마음을 이해하기 위한 나의 여정은 율법에 기초한 옛 언약과 은혜에 기초한 새 언약의 신학적 차이점을 연구하는 길로 나를 이끌었다. 거기서 더 나아가 나는 이전의 부흥들과 그 부흥을 이끌고 개척한 선구자들을 조사하면서 하나님이 어떻게 이 믿음의 거장들을 그토록 강력하게 사용하셨는지 배우려 했고, 그처럼 놀라운 돌파를 보게 하기위해 그들 대부분에게 실행하도록 주어진 계시들을 연구했다.

이 여정, 곧 믿음의 선진들에 대한 나의 깊은 사랑과 존경은 나를 몇 가지 모험으로 이끌었다. 약 10년 전 친구 중 한 명이 일리노이 시온 시티로 가기로 마음먹고 치유 부흥사 존 알렉산더 도위(John Alexander Dowie)의 집을 방문할 약속을 잡았다. 도착해서 보니 그날 그곳 관리인이 외출 중이어서 우리는 들어갈 수가 없었다. 어떻게 해야 할지 고민하고 있을 때, 어떤 남자가 나타나서 우리에게 무엇을 원하는지 물었다. 우리는 지금까지도 그가 누구였는지 알지 못한다. 어쨌든 우리는 우리의 약속에 대해 설명하며 우리가 이곳을 방문하기 위해 먼 길을 왔다고 말했다.

그는 자신은 다른 약속이 있어서 우리를 안내해 줄 시간이 없다고 했다. 하지만 문을 열어 우리를 들여보내 주겠다고 하면서 더불어 다른 이들이 들어오지 못하도록 우리를 안에 둔 채 문을 잠가야 한다고 덧붙였다. 그는 한두 시간 후에 우리를 만나러 다시 오겠다고 약속했지만 결국 나타나지 않았다. 덕분에 우리는 그 누구의 방해도 받지 않고 알렉산더 도위의 사저에서 여러 시간을 보낼 수 있었다. 그의 연구서와 성경을 포함하여 그 집에 있는 모든 것을 둘러볼 수 있었고, 그의 서재에 앉아 개인적인 메모들을 읽어 볼 수 있는 놀라운 시간을 보냈다.

존 알렉산더 도위는 내가 가장 좋아하는 치유 부흥사들 중 한 명이다. 1847년 5월 25일 영국에서 태어난 그는 1888년에 미국으로 이민 가기 전 잠시 남호주에서 살았다. 전도자이자 믿음의 치유자로서 일리노이 시온 시티에 치유 시설들을 설립했고, 1907년 3월 9일에 세상을 떠났다.

2006년 사역학교에 다니고 있을 때, 과정 중에 부흥에 대한 보고서를 써야 하는 과목이 있었다. 나는 1922년에 스미스 위글스워스(Smith Wigglesworth)를 통해 뉴질랜드에 일어난 부흥에 대해 쓰기로 했다. 그다음 해에는 자유롭게 선택한 부흥사에 대한 보고서를 썼다. 그 수업을 듣는 대다수가 스미스 위글스워스, 알렉산더 도위, 윌리엄 브랜험(William Branham), A. A. 앨런(Allen), 캐서린 쿨만(Katherine Kulman) 등 더 잘 알려진 부흥사들을 선택했다. 나는 대부분의 사람들에게 덜 알려진 인물을 택했다. 내가 선택했던 놀라운 인물을 소개하겠다.

릴리언 B. 요먼스(Lillian B. Yeomans) 박사는 1861년 6월 23일에 태어났다. 그녀는 1882년 의학박사 자격을 취득한 다음 뉴욕의 대형 병원 중 한 곳에서 의사로 근무했다. 업무의 압박과 수면 장애 때문에 잠을 잘 수 있도록 모르핀 등의 약물을 복용하기 시작했지만, 불행히도 중독되어 버렸다. 머지않아 다른 합병증이 발생하여 그녀의 상태는 사망 선고를 받을 정도로 악화되었다.

그녀는 중독에서 벗어나기 위해 적어도 57번 시도했으며, 심지어 약물을 버리며 결코 다시는 사용하지 않겠다고 맹세하기도 했지만, 결국 다시 약물에 의지하곤 했다. 한 간호사는 그녀를 “내면에 귀신이 들린 해골”이라고 묘사했다. 결국 그녀는 침대에 누워 지내게 되었고, 심지어 의사들도 약물을 빼앗았다가 그녀가 죽을까 봐 두려워서 그렇게 하지 못했다.

릴리언 박사는 1898년에 존 알렉산더 도위의 치유 시설을 찾아왔다. 당시 오랜 시간 홀로 남겨져 있었던 그녀는 마음의 위로를 얻기 위해 성경으로 눈을 돌렸다. 그녀는 욥기에서 치유에 관한 내용을 읽었고, 창세기에서는 하나님의 형상대로 행하도록 우리를 부르신 그분의 마음을 보았다. 또 출애굽기에서는 광야에서 이스라엘 백성 중에 “병약한 자가 하나도 없었다”는 점과 신명기에서 나병환자의 의식적 정결을 요구하신 점, 그리고 민수기에서 기도와 제물 그리고 속죄를 통해 질병을 다루는 방식을 보게 되었다. 그녀는 치유가 하나님의 말씀 일부가 아니라 모든 부분에 담겨 있음을 분명히 깨닫게 되었다.

또한 자신이 치유받았다는 깨달음에 이르게 되었다. 약물에 대한 갈망이 사라지고 건강이 회복되었으며, 결코 다시는 약물을 복용하지 않았다. 이후부터 하나님의 치유 능력에 대한 진리는 그녀가 나누는 실재가 되었다.

릴리언 박사는 의료 활동을 포기하고 한동안 캐나다 북부의 크리 인디언들(Cree Indians) 사이에서 선교사로 활동했으며, 이후 미국과 캐나다 전역에서 전도 집회를 열었다. 그녀는 수천 명의 사람들이 하나님을 믿고 치유와 구원을 받도록 이끌었다.

1913년 릴리언 박사와 여동생 에이미(Amy)는 로스앤젤레스 맨해튼 비치 29번가 224번지에 커다란 집을 구입하여 치유 시설로 만들었다. 그곳에서 그들의 사역을 받은 사람들은 모두 시한부나 불치병 환자들로, 의사들도 거의 대부분 포기한 상태였다. 의료 기술로는 회복이 불가능하기에 그저 죽을 날만 기다리고 있었다. 릴리언 박사와 그녀의 여동생은 그들 대부분이 치유받는 모습을 보았으며, 실패한 사례는 매우 드물었다. 그들은 한 번에 서너 명의 환자만 받아들였기에 대기 명단이 상당히 길었다.

릴리언 박사의 사역에는 강력하고 심오한 진리들이 다수 담겨 있었다. 그녀는 웃는 것을 좋아했으며 간증하고 감사하는 것의 중요성을 잘 알고 있었다. 하나님은 언제나 기쁨 가운데 계시며 질병은 결코 하나님으로부터 오는 것이 아니라고, 원수에게서 말미암는다는 깊은 확신을 가지고 있었으며, 원수의 이러한 악한 일을 파괴하고 무찌르는 것이 우리의 일이라고 생각했다.

릴리언 박사는 노래로 질병을 쫓아내는 것으로 유명했으며, 자신의 개인적 경험을 통해 일부 찬송가에서 치유 능력이 흘러나온다고 말하곤 했다. 다음은 그녀가 자주 부르던 찬양이다.

그리스도께서 수치스러운 나무에 달리심으로 나를 율법의 저주에서 구속하셨네
저주 안에 담긴 그 모든 악으로부터 예수님이 나를 자유롭게 하셨네
저주 아래 있지 않네, 저주 아래 있지 않네, 예수님이 나를 자유케 하셨네
예수께서 나를 속량하셨기에 질병 대신 건강을, 가난 대신 부요함을 얻었네
그리스도께서 우리가 범한 율법의 대가를 치르셨네, 그분이 나를 위해 모든 값을 치르셨네
하나님은 나를 위해 죽임 당하신 어린양에게서 단 하나의 점도, 흠도, 얼룩도 보지 못하셨네
어린양이 죽임당하기 전 옛날에 머물지 말라
천국처럼 거저 주어진 것을 받고 받으라 그리고 기쁨의 찬송에 동참하자

릴리언 박사는 하나님의 말씀이 항상 우리를 시험하고 검증한다고 믿었다. 그녀에 의하면 "치유에 관한 하나님의 약속을 시험해 보겠다"고 말하는 사람들도 있었다고 한다. 그러면 그녀는 다음과 같이 대답하곤 했다. "아니요. 당신은 그렇게 할 수 없습니다. 당신이 하나님의 말씀을 시험하는 것이 아니라, 하나님의 말씀이 당신을 시험하는 것입니다!"

하나님의 약속은
이미 일곱 번 시험하고
정련되어 영원히
확정되었다.
시험받는 쪽은
하나님이 아니라
바로 우리다.
- 릴리언 요먼스 박사

저주는 정복되었다는 계시

릴리언 박사 시대에는 결핵이 미국에서 사망 원인 2위였으며, 모든 경우가 불치병으로 여겨졌다. 그녀의 치유 시설에서 수많은 결핵 환자들이 사역을 받았고, 그중 극소수만이 목숨을 잃었다. 결핵 환자 한 명이 떠나면 즉시 그 자리를 채우려고 대기하는 이들이 더 있었다. 어느 날 한 여성이 실려 와 위층에 있는 대기실로 이동했다. 릴리언 박사는 여느 때처럼 그 환자의 침대 곁에 앉아 손을 모으고 눈을 감은 채 가만히 누워 있으라고 말한 뒤, 성경을 읽어 주었다.

릴리언 박사는 성경에 하나님의 치유에 관한 구절들을 모두 표시해 두었다. 그녀는 결핵 환자에게 표시해 둔 구절들을 두 시간 동안 읽어 주었다. 그런 다음 신명기 28장과 갈라디아서 3장 전체를 반복해서 읽어 주었다. 그리고 그중 신명기 28장 61절과 갈라디아서 3장 13절, 두 구절을 다시 읽어 주었다.

신명기 28:61

또 이 율법책에 기록하지 아니한 모든 질병과 모든 재앙을 네가 멸망하기까지 여호와께서 네게 내리실 것이니

이 구절은 이스라엘 백성이 율법을 범할 경우 임할 저주들을 정리한 것으로, 릴리언 박사는 모든 질병이 율법을 어긴 저주에 포함된

다고 굳게 믿었다. 신명기 28장에 의하면 질병은 불순종으로 인한 저주였다. 반대로 건강은 순종의 결과였다.

그러나 그녀는 또한 새 언약 아래 있는 우리는 더 이상 율법 아래에 있지 않기에 이 저주들로부터 구속받았음을 알고 있었다.

갈라디아서 3:13 (한글킹제임스)

그리스도께서 우리를 위하여 저주가 되셔서 율법의 저주로부터 우리를 구속하셨으니, 기록되기를 "나무에 매달린 자는 누구나 저주받은 자라"고 하였도다

릴리언 박사는 환자에게 다음과 같이 말하고 그것을 계속 되뇌라고 지시했다. "신명기 28장 61절에 따르면, 결핵은 율법의 저주입니다. 그러나 갈라디아서 3장 13절에 따르면, 그리스도께서 우리를 율법의 저주에서 구속하셨습니다. 그러므로 그리스도께서는 나를 결핵에서 구속하셨습니다."

릴리언 박사는 항상 손님들에게 모든 것이 다 잘될 것이라고 하면서 깨어 있는 모든 순간 갈라디아서 3장 13절을 계속 반복적으로 선포하라고 말해 주었다. "그리스도께서 나의 저주가 되셨으므로, 나는 율법의 저주에서 해방되었습니다."

릴리언 박사는 환자들에게 적극적으로 신성한 치유를 구한다면, 마땅히 치유가 일어나야하듯이 그것이 그들의 삶에 분명히 나타나게 될 것이라고 가르치려 했다. 그녀는 이것이 치유를 받는 핵심 요소임

을 알고 있었다. (그리고 이것은 오늘날에도 여전히 진리이다.) 너무도 많은 사람들이 자기 회복에 대한 열의 없이 다른 일들에 마음을 쏟으며 평소와 다름없는 태도로 삶을 살아가면서 하나님이 모든 것을 알아서 해주실 것이라고 생각한다. 그런 경우에는 하나님의 말씀이 그들의 삶에 거의 영향을 끼치지 못하게 될 것이다. 릴리언 박사는 다음과 같이 말했다. "병든 자들은 자신의 치유에 대해 진지하고 열정적이어야만 그들의 믿음이 그들을 위해 역사하여 치유가 나타날 수 있게 된다."

셋째 날, 릴리언 박사는 평소처럼 이 여성의 병실로 가서 한 시간이 넘도록 신성한 치유에 관한 성경 구절들을 읽어 주었다. 그녀는 그 환자에게 계속해서 갈라디아서 3장 13절을 자신에게 선포하며 "나는 율법의 저주에서 구속받았다"고 고백하고 있는지 물었다. 이에 그 여성은 그렇다고 답했지만, "아직 아무런 효과가 없어요"라고 하면서 시작했을 때나 지금이나 나아진 것이 없다고 말했다. 릴리언 박사는 "그래도 계속 고백하세요"라고 말했다.

그날 아침 늦게 릴리언 박사와 여동생 에이미가 아침 설거지를 하고 있는데, 위층에서 누군가 외치는 소리가 들렸다. 이어서 발소리가 들리더니, 곧 그 여성이 그들에게 달려와 목소리를 높여 이쳤다. "릴리언 박사님, 제 결핵이 나은 거 아셨어요?!"

릴리언 박사가 대답했다. "그럼요, 사흘 동안 제가 계속 말씀드리려 했는데요."

그 여성은 자신의 몸을 파괴하던 치명적인 병에서 해방되었다. 사흘 만에 하나님의 말씀이 그녀를 치유하신 것이다. 그녀의 삶은 72

시간도 채 되지 않아 절망에서 치유로 바뀌었다. 하나님의 말씀을 믿고 치유받기 위해 우리의 믿음을 사용하는 것은 분명 그만한 가치가 있다!

이 여성에게 무슨 일이 일어난 것일까? 릴리언 박사의 사역을 받아 그녀는 자신의 믿음에 활력을 불어넣고 그리스도께서 이미 주신 치유를 시작하는 법을 배웠다. 그렇게 함으로써 그녀는 마침내 치유에 관한 하나님의 말씀을 자기 영으로 받아들였다. 바로 그때 그곳에서 말씀이 그녀를 위해 역사하기 시작했다. 그녀의 머리로만 받아들였을 때에는 하나님의 말씀이 거의 아무런 도움이 되지 않았다. 하지만 말씀이 그녀의 마음에 닿자, 그녀의 "온 육체의 건강[또는 약]"이 되었다.

잠언 4:20~22

내 아들아 내 말에 주의하며 내가 말하는 것에 네 귀를 기울이라 그것을 네 눈에서 떠나게 하지 말며 네 마음속에 지키라 그것은 얻는 자에게 생명이 되며 그의 온 육체의 건강이 됨이니라

당신은 어떨지 모르겠지만, 나는 릴리언 박사의 이야기 같은 내용을 읽고 삶에 극적이고 인상적인 영향을 받지 않을 수 없다. 수년간 존 알렉산더 도위의 삶에 대한 많은 자료들을 읽었는데, 릴리안 박사는 바로 그의 사역 아래서 치유와 훈련을 받은 사람이었다. 또 다른 치유 부흥사인 존 G. 레이크(John G. Lake) 역시 도위 밑에서 훈련

받았으며, 그와 릴리언 박사 모두 도위의 핵심적인 믿음을 공유하고, 그의 치유 사역이 역사하는 모습을 목격했다. 그럼에도 그들은 저마다 상당히 다른 방식으로 자신들만의 치유 사역을 발전시켰다. 예를 들어 도위는 자신의 치유 시설에서 어떠한 약물도 허용하지 않았지만, 릴리언 박사는 의학적 치료와 신성한 치유를 병행하는 것으로 유명했다. 존 G. 레이크와 릴리언 요먼스 박사는 물론 존 알렉산더 도위의 사역도 엄청난 영향을 끼쳐 나의 사고방식을 변화시키는 데 도움이 되었다.

우리가 복음과 그처럼 강력하고 귀한 십자가 안에 있는 능력을 진정으로 이해하기 시작할 때, 신명기 28장에서 말씀하는 바와 같이 질병이 율법의 저주라는 사실을 깨닫게 될 것이다. 율법은 우리의 순종과 실패에 대한 모든 기준이 된다. 그 기준을 충족시키지 못하면 심각한 결과가 따르게 된다. 구약의 대속죄일로 되돌아가 다시 이야기를 하자면, 대속죄일에는 우리의 완전함과 완벽한 예물이 전부였지만, 새 언약 아래에서는 예수님이 우리의 완전한 예물이 되셨다. 그분의 순종으로 율법의 요구를 이루시고 우리를 위해 저주가 되신 것이다. 우리 믿는 자들은 더 이상 율법의 요구 아래 있지 않다. 우리는 하나님의 은혜의 부흥 안에 있다. 이러한 하나님의 은혜의 부흥은 최근 몇 년 사이에 시작된 것이 아니다. 예수님이 피로 물든 십자가에 달리셔서 "다 이루었다"(요 19:30) 외치셨을 때 시작되었다.

나는 메시지 성경에 나타난 갈라디아서 3장 13절을 매우 좋아한다.

갈라디아서 3:13~14 (MSG)

그리스도께서는 실패할 수밖에 없는 저주받은 우리 삶을 온전히 자기 것으로 삼으심으로 그 삶에서 우리를 건져 주셨습니다. 여러분은 "나무에 달린 자는 모두 저주를 받은 자다"라는 성경 말씀을 기억하실 것입니다. 예수께서 십자가에 못 박히실 때 바로 그런 일이 일어났습니다. 그분은 저주를 받은 자가 되셨고 동시에 그 저주를 푸셨습니다. 그 일로 모든 장애물이 사라져 이제 우리는 아브라함의 복이 지금도 계속되고 있으며 그 복이 이방인에게도 유효하다는 사실을 알게 되었습니다. 우리는 너나 할 것 없이 믿음으로—아브라함이 받았던 것과 똑같은 방식으로—하나님의 생명, 곧 성령을 받을 수 있게 되었습니다.

말씀을 옳게 분별하여 우리가 이제는 율법의 저주 아래 있지 않고 은혜 아래 있음을 깨달을 준비가 되었는가? 깨어 있는 모든 순간에 자신의 치유를 위한 하나님의 처방을 선포하며 끈질기게 원수와 맞서 싸울 준비가 되어 있는가? 릴리언 박사가 환자들에게 스스로 선포하게 했던 선언문은 다음과 같다.

신명기 28장 61절에 따르면, [질병명]는(은) 율법의 저주이다. 그러나 갈라디아서 3장 13절에 따르면, 그리스도께서 나를 율법의 저주에서 구속하셨다. 그러므로 더 이상 나에게는 [질병명]이(가) 없다.

더 나아가기 전에 분명히 말하겠다. 나는 질병 자체를 부정하려는 것이 아니다. 이것은 릴리언 박사도 마찬가지일 것이다. 오히려 그녀는 예수님이 우리의 저주가 되셨기에 그분의 핏값으로 질병에 대한 대가가 분명하게 치러졌음을 사람들에게 깨닫게 하려 한 것이었다. 병들고 아프다고 해서 자신이 저주받았다거나 믿음이 부족하다거나, 또는 병에 걸렸다는 사실 자체를 부정해야 한다고 생각하지 않기 바란다. 그것은 결코 내 의도나 뜻이 아니다. 이러한 생각들에 대해서는 11장에서 더 깊이 다룰 것이다.

또한 내가 믿음의 거장들과 그들이 무엇을 믿었는지 연구하는 것을 너무나도 좋아하기에 그들의 믿음과 신념이 이 책에 언급되어 있을 수도 있다. 그렇다고 해서 반드시 내가 그들의 믿음이나 신념에 완전히 동의한다는 말은 아니라는 사실을 이해하는 것이 중요하다. 시간이 흐르면서 우리 모두가 하나님의 말씀에 대한 이해의 깊이와 계시가 자라고 발전함에 따라 과거의 계시들에 많은 것들이 더해질 수 있다. 내가 이 여정 가운데 추구해 온 것은 이 거장들의 선구자적 업적을 존중하고, 그들의 믿음이나 신념, 업적에서 가장 좋은 것들을 취해 내 시식의 토대로 삼는 것이었다. 그들로부터 얻은 것들은 하나님이 계획하고 뜻하신 모습으로 나를 빚어 가는 데 도움이 되었다.

그러므로 이제 아버지께서 우리를 위해 마련해 놓으신 은혜와 사랑 안에 서서 율법의 요구 아래 머물러 있기를 거부하자. 아버지가 우리를 보시는 방식 그대로 그리스도 안에서 안전함을 누리는 존재로 우리 자신을 바라보아야 한다.

우리가 아버지의
마음을 이해한다면,
결코 하나님이
오늘날에도
치유하신다는 신학에
의문을 갖지 않을
것이다.

현실 부정을 조심하라

내가 어떤 상태나 원수의 존재 자체를 부정하려는 것이 아니라는 사실을 이해하는 것이 중요하다. 그러나 그것들이 내 삶에 영향력을 끼칠 수 없다는 것을 나는 분명히 믿는다. 우리의 삶 가운데 예수님의 이름보다 더 큰 문제나 질병은 없다는 확신 속에 굳건히 서야 한다.

여정 가운데 나는 선한 의도를 가진 많은 그리스도인들이 믿음과 현실 부정을 혼동하여 의료진과의 관계를 어렵게 만드는 것을 목격했다. 그들은 몸이 불편해서 무슨 일인지 알아보려고 의사를 찾아간다. 그러면 의사는 진찰 후 그들이 어떠한 상태인지 알려 준다. 그런데 많은 사람들이 의사에게 방금 받은 진단서가 거짓말이며 자신은 그러한 이상이나 질환에 걸리지 않았다며 현실을 부정했다.

나는 의사들을 좋아한다. 그들은 우리에게 팩트, 곧 사실, 실상을 알려 주도록 훈련받은 전문가들이기에 우리를 돕고자 하는 그들의 수고와 노력을 존중해 주어야 한다. 그들은 우리와 같은 목표를 가지고 있다. 바로 우리가 치유받는 모습을 보는 것이다! 만약 내 몸에 어떤 문제가 있다면, 나는 의사가 그 실상, 곧 사실을 알려 주기 바랄 것이다. 그래야 나의 상황에 하나님의 진리를 적용할 수 있기 때문이다. 여기서 이 둘을 구분하는 것이 중요하다. 예수님의 영은 "사실의 영"(Spirit of Fact)이 아니라, "진리의 영"(Spirit of Truth)이시다.

사실과 진리는 다른 것이다. 만약 당신이 암에 걸렸다는 사실을 들었을지라도, 진리는 예수님이 치유자라는 것이다. 진리는 예수라는 이름이 암이라는 실상보다 훨씬 더 크다는 것이다. 만일 우리가 문제(사실)에 골몰하기를 거부하고 해결책(진리)에만 마음을 쏟는다면 어떻게 될까? 하지만 사람들은 대부분 해결책보다는 문제에 더 큰 영향을 받는다.

나는 수년간 현실을 부정하며 살아간다는 비난을 받아왔다. 마귀와 귀신의 존재를 부정하고, 어둠을 부인하며, 질병을 부인한다는 것이다. 하지만 나는 그들 중 어떤 것도 부정하지 않는다. 그것들은 분명히 존재하지만, 단지 내가 그것들을 크게 신경 쓰지 않을 뿐이다. 나는 이런 것들을 언급하는 것 자체를 좋아하지 않는데, 그것에 지나치게 관심을 주는 것이나 마찬가지기 때문이다. 어떤 설교자들은 문제나 악한 영들의 세계에서 벌어지고 있는 일들에 더 집중하는 것을 더 좋아한다. 그들은 숨어 있는 악한 영들을 찾아다니는데, 마치 십자가에서 완성된 그리스도의 사역보다 마귀나 그가 일으키는 현상들에 더 마음을 빼앗긴 것처럼 살아간다. 이미 말했듯이 나는 예수님보다 더 큰 문제를 만난 적이 없다. 그러니 어떻게 문제가 얼마나 큰지에 대해 가르치는 데 관심을 가질 수 있겠는가? 나는 해결책을 가르친다. 오직 예수님 한 분께만 집중한다.

> 어둠은 문제가 아니다.
> 단순히 빛이 없는
> 상태일 뿐이다.

내가 가장 좋아하는 시편은 34편이다. 다음 말씀에 귀 기울여 보라.

시편 34:3

나와 함께 여호와를 광대하시다(magnify: 확대하다) 하며 함께 그의 이름을 높이세

어린 시절 형제들과 함께 돋보기(확대경)으로 개미들을 들여다보면, 실제보다 훨씬 더 크게 보이곤 했다. 시편 34편을 기록한 다윗은 우리에게 하나님을 크게 확대해서 보라(magnify)고 말한다. 그가 실제로 우리에게 보여 주려는 것은 무엇일까? 그는 정말로 하나님을 높여 실제보다 더 크신 분이 되게 하라고 말하는 것일까? 만일 그렇다면, 그는 우리에게 불가능한 일을 하라고 말하는 셈이다. 하나님은 더 커질 수 없는 분이다.

이 시편을 기록한 다윗이 우리에게 전하는 말을 또 다른 방식으로 해석해 보자. 이미 크신 하나님을 어떻게든 더 커지게 만든다는 것은 불가능한 일이기에 다윗은 우리의 마음과 생각 속에서 그 일이 일어나야 한다고 말하는 것이다. 다시 말해, 우리의 관점을 바꿔 우리 아버지께서 얼마나 크신 분인지 깨닫는 법을 배워야 한다는 것이다.

오늘 어떠한 문제에 직면해 있든지 그 해결책은 그리스도 안에 있다. 그러므로 당신의 생각 가운데 그분을 높이고 찬양하라! 해결책은 문제의 실상이나 사실 속에 있지 않다. 진리로 증거하시는 그리스

도 안에 있다. 예수님이 이미 이루신 일보다 원수를 더 믿는 사람이 되지 말라.

율법의 저주는 영원히 정복되었다! 우리가 치유받는 것은 우리 자신의 순종 때문이 아니다. 바로 예수님의 순종 때문이다. 우리는 믿는 자로서 더 이상 저주 아래 있지 않다. 예수님이 그 저주를 완전히 빼앗아 무력화하셨기 때문이다. 이제 우리는 아무런 방해 없이 치유받을 수 있게 되었다.

Chapter 4

잔치와 전투

잔치를 즐기는 자가 승리자이다

수년간 우리가 하나님 나라에서 언제, 어떻게, 심지어 왜 싸워야 하는지에 대한 매우 혼란스러운 신학들이 존재한다는 것을 깨닫게 되었다. 우리는 복음의 놀라운 진리를 제대로 깨닫지 못하고 있는 것 같다. 예수님이 십자가에서 우리를 위해 이루신 일 덕분에 우리가 직면하는 모든 전투에서 이미 승리가 우리 것이 되었다. 대부분 영적 전투에 관한 성경 구절들을 잘 알고 있지만, 그것을 우리가 직면한 상황에 어떻게 적용해야 하는지 진정으로 이해하는 사람들은 거의 없는 것 같다. 이 장 후반부에서 몇 가지 살펴볼 것이다.

지금 이 책을 읽고 있는 이들 중 우리 큰딸 샬롯(Charlotte)이 뇌성마비가 있어 현재 휠체어 생활을 하고 있다는 사실을 알고 있을 것이다. 2015년 어느 금요일 밤 교회에 있는 동안 샬롯이 온전히 회복될 것이라는 매우 구체적인 예언의 말씀이 주어졌다. 완전한 치유가 그 아이를 향한 하나님 아버지의 마음이라는 것과 예수님이 그 기적을 위해 모든 대가를 다 치르셨음을 항상 알고 있었고, 그 예언의 말씀 때문에 현재 우리의 믿음을 갖게 된 것은 아니다. 그럼에도 당시 이 예언의 말씀을 놀랄 만큼 큰 격려로 받아들였다. 나는 앞으로 어떻게 나아가야 할지 많은 생각이 들었다.

몇 주 뒤 나는 사역 여행을 떠나며 캘리포니아 레딩에 있는 공항에서 출발했다. 빌 존슨(Bill Johnson) 목사님도 같은 비행기에 타고 계셨기에, 그분과 많은 이야기를 나누었다. 그 말씀이 딸아이에게 주어질 때, 그분도 그 자리에 계셨기에 그분의 의견을 듣고 싶었다. 나는 그분께 이렇게 질문했다. "목사님도 그 말씀을 들으셨는데, 지금 무엇을 해야 할지 조언해 주실 수 있을까요?" 그분의 지혜로운 답변은 이러했다. "어떤 것들은 우리가 안식하는 법을 배울 때에만 받을 수 있습니다." 이미 나도 그와 같은 생각을 하고 있었기에, 그분의 조언은 나에게 큰 확신과 위로를 주었다

그러므로 문제는 우리가 받아야 할 기적을 위해 싸울 것인가 아니면 안식할 것인가이다. 겉으로 보기에 싸움과 안식은 완전히 반대되는 것처럼 보인다. 보통 안식이란 어떤 활동도 없다는 의미로, 우리가 아무것도 할 필요가 없음을 암시한다. 반면 싸움은 우리가 가서 아직 승리를 얻지 못한 어떤 전투를 이겨야 한다는 의미이다. 이 두 가지 중 어느 패러다임이 좋은지는 잘 모르겠다.

은혜는 행함으로
얻는 것과는
반대되는 개념이지만,
노력을 기울이는 것
자체를 반대하는
것은 아니다.

수년간 나를 포함하여 이러한 역설 양쪽에 서 있는 사람들을 보아 왔다. 때로는 싸움으로 인해 너무나 지쳐버려서 우리 안에 줄 것이 아무것도 남지 않게 되는데, 이 자체만으로도 충분히 낙심과 번아웃(탈진)으로 이어지게 된다. 반면 안식이 아무것도 하지 않는 것이라고 여기는 사람들도 있다. 그러나 나는 아무것도 하지 않는 것은 우리를 잠들게 할 뿐이며, 결국에는 마찬가지로 낙심하게 만들거나 "하나님의 주권"에 지나치게 의존하게 됨으로써 우리를 치유하지 않으시는 것에 대해 하나님을 탓하고 우리가 겪는 불행한 경험들을 이해하고 설명하기 위해 신학을 만들어낸다는 사실을 깨달았다.

그렇다면 해결책은 무엇일까? 기적을 받기 위한 믿음은 안식으로부터 나와야 하지만, 그러한 안식은 단순히 활동이 없는 상태 그 이상을 의미한다. 이것은 아버지의 본성에 대한 확신 가운데 안식할 수 있는 능력이다. 우리가 그분의 사랑과 선하심, 그리고 십자가에서 값을 치르신 모든 것을 진정으로 이해하게 될 때, 참된 안식이 우리 마음에 넘쳐흐르게 된다. 초자연적으로 행하여 우리 자신과 다른 이들을 위한 치유를 받을 수 있는 능력은 바로 이와 같은 안식의 자리에서 흘러나오며, 우리는 더 이상 더 열심히 애쓰고 노력해야 한다고 느끼지 않게 된다.

십자가의 승리를 이해하지 못한 채 싸우는 것, 즉 예수님이 이미 승리자이심을 알지 못한 채 싸우는 것은 우리를 극도로 지치게 할 뿐만 아니라 사실상 무의미한 일이다. 이미 이긴 싸움을 다시 싸우고 있는 것이기 때문이다. 지난 수년간 깨달은 것은 우리를 싸움에 끌어들여 지치게 만드는 것이 원수의 가장 큰 전략이라는 사실이다. 또한 우리가 자기 힘과 능력으로 싸우도록 설득할 수 있다면, 원수는 우리를 매우 빠르게 지치게 만들 수 있다.

수많은 전투를 치른 다윗은 다음과 같이 기록했다.

> 시편 23:5
>
> 주께서 내 원수의 목전에서 내게 상을 차려 주시고 기름을 내 머리에 부르셨으니 내 잔이 넘치나이다

이 구절은 수년간 나에게 큰 위로와 격려가 되어 주었다. 원수는 언제나 내 문을 두드리며 유혹하여 싸움에 끌어들이려 하기 때문이다. 내가 과거의 실수로부터 배운 것은 내가 칼을 뽑고 그와 싸우려 한 경우에는 대부분 금방 지쳐버리게 되어 있다는 것이다. 요즘 나의 목표는 이러한 유혹에 마주칠 때마다 피하고 예수님 안에서 안식하는 자리에 머물러 있는 것이다. 안타깝게도 바로 이 때문에 내가 원수의 존재 자체를 부정하며 살아간다는 비난을 종종 받아왔는데, 사실이 아니다. 나는 단지 하나님 나라를 확장하느라 너무 바빠서 원수에게 관심을 기울일 여유가 조금도 없을 뿐이다.

시편 23편 5절은 우리 믿는 자들을 향한 놀라운 초대이다. 우리

에게는 십자가의 완전한 승리 안에서 누리는 안식에서 끌어내어 직접 맞서 싸우게 하려는 실제 원수가 있기 때문이다. 하지만 이 구절에 의하면, 원수가 이처럼 도사리고 있을 때 하나님이 우리에게 잔치를 즐길 수 있도록 상을 차려 주신다!

원수가 우리를 싸움에 끌어들이기 위해 유혹하며 다가올 때, 바로 이때 우리는 주님이 차려 주신 상에서 스스로를 먹이고 강하게 해야 한다. 바로 이때 우리의 단도(검)를 내려놓고 포크를 들어 우리 삶에 선포된 예언적 약속들을 마음껏 즐기며 그분의 말씀과 선하심, 그리고 사랑을 기억해내고 경배하며 그분을 바라보아야 한다. 다윗은 또 다른 성경 구절에서 전투 중에 다음과 같이 기록했다.

> 시편 27:4
>
> 내가 여호와께 바라는 한 가지 일 그것을 구하리니 곧 내가 내 평생에 여호와의 집에 살면서 여호와의 아름다움을 바라보며 그의 성전에서 사모하는 그것이라

다윗은 주님의 임재 그 자체를 누리는 것이 무엇인지 알았기에 그곳에서 자신의 삶에 임하는 승리를 보았다. (우리가 예배할 때 무슨 일이 일어나는지에 대해서는 조금 후에 살펴보겠다.)

우리는 승리를 얻기 위해 원수와 싸우는 소모전에 휘말려서는 안 된다. 우리는 이미 승리한 위치에서 싸우는 것이다! 시편 23편에서 하나님은 우리가 전투 중일 때 우리의 유일한 싸움은 오직 믿음 안

에 머물러 있는 것이라고 말씀하시는 게 아닐까? 달리 말해 만일 우리가 전투 중이라면, 그분의 상에 앉아 즐기라는 것이다. 마찬가지로 질병이나 중독과 싸우고 있거나 재정적 위기 혹은 다른 어떤 위기 가운데 있다면, 그분의 잔치 자리에서 마음껏 먹고 즐기라! 우리는 일반적으로 생각하는 싸움의 방식으로 싸우는 것이 아니다. 주님이 차려 주신 상을 먹고 즐김으로써 싸우는 것이다. 이것이 우리의 전술이며, 먹고 즐기는 자들이 승리하게 된다!

에베소서 6:13~14

그러므로 하나님의 전신 갑주를 취하라 이는 악한 날에 너희가 능히 대적하고 모든 일을 행한 후에 서기 위함이라 그런즉 서서 진리로 너희 허리띠를 띠고 의의 호심경을 붙이고

이것이 바로 믿음의 선한 싸움이다! 우리는 진리로 허리를 동이고 의의 흉갑으로 덮는데, 이것은 우리가 그리스도의 의이며, 우리 자신의 의가 아닌 그분의 의가 우리를 보호한다는 것을 상기시켜 준다. 우리의 발은 평안의 복음의 신을 신음으로써 준비되어야 한다. 그래야 우리가 아버지와 하나 되었고 그분과 온전히 화평케 되었다는 진리 위에 굳게 설 수 있다. 우리는 구원을 투구로 쓰고 그 완전함을 신뢰하며, 무엇보다도 원수가 우리에게 던지는 모든 불화살을 하나님의 말씀으로 소멸시킬 수 있음을 알기에 믿음의 방패를 들어야 한다. 마지막으로 우리에게는 하나님의 말씀인 성령의 검이 있다. 이 모든

보호 장비를 갖추고 나면, 우리는 예수님이 십자가에서 완성하신 사역 안에서 안식할 수 있다.

민수기 13장과 14장에 따르면, 하나님이 이스라엘에게 주실 약속의 땅을 정탐하도록 열두 정탐꾼을 보냈으나 그들이 돌아왔을 때 모든 일이 순조롭지는 않았다. 그들 중 열 명은 그 땅이 매우 좋기는 하지만, 그들이 대면한 문제는 해결 불가능한 것이라고 보고했다. 그들은 이렇게 말했다. "우리는 할 수 없습니다. 거인들은 너무 크고 성벽은 엄청나게 두꺼운데 우리는 너무나 작은 존재들에 불과합니다." 그러나 나머지 두 정탐꾼인 여호수아와 갈렙은 깜짝 놀라며 항변했다. "아닙니다. 우리는 충분히 그 땅을 정복할 수 있습니다!"

하지만 다른 열 명의 정탐꾼들은 그 말을 듣지 않고 계속해서 사람들에게 부정적인 보고를 주입했다. 결국 온 공동체가 설득되어 여호수아와 갈렙에게 등을 돌렸다. 심지어 그들을 돌로 치자는 말까지 나왔다. (이것은 오늘날에도 마찬가지이다. 우리의 삶에 어떤 열매가 나타나고 우리가 승리의 편에 있다는 사실을 알기에 긍정적인 전망을 품을 때, 믿지 않는 신자들은 그로 인해 당신을 핍박하려 할 것이다!)

내가 이 이야기를 좋아하는 이유는 24절이 우리에게 전하는 메시지 때문이다. 여호수아와 갈렙은 다른 영을 담고 있었다. 이 두 사람은 다른 열 명의 정탐꾼들과 똑같은 시련과 도전을 마주했지만, 그것을 하나님의 잔치상을 누리고 기뻐하는 법을 알았다. 그들이 무엇을 믿었는지 살펴보자.

민수기 14:8~9

여호와께서 우리를 기뻐하시면 우리를 그 땅으로 인도하여 들이시고 그 땅을 우리에게 주시리라 이는 과연 젖과 꿀이 흐르는 땅이니라 다만 여호와를 거역하지는 말라 또 그 땅 백성을 두려워하지 말라 그들은 "우리의 먹이(bread)"라 그들의 보호자는 그들에게서 떠났고 여호와는 우리와 함께 하시느니라 그들을 두려워하지 말라 하나

이것은 심오하다. 여호수아와 갈렙은 자신들이 대면한 거인들, 도전들, 시련들, 심지어 자기 백성들의 위협까지도 즐기고 누릴 거리로 삼았다.

우리 안에도 다른 영이 계신다! 우리에게는 성령의 능력이 있고, 믿음의 영이 있다. 우리 안에도 선한 싸움을 싸울 동일한 영이 계신다. 우리가 마주한 질병과 연약함이라는 골리앗을 무너뜨릴 바로 그 영이 우리 안에 있다.

고린도후서 4:13 (우리말)

성경에 기록되기를 "내가 믿었으므로 말했다"고 한 것처럼 우리는 바로 그 믿음의 영을 가지고 있으므로 우리도 믿고 또한 말하기도 하는 것입니다

전투가 격렬해질 때, 마음껏 즐기고 누리라. 박해하는 자들과 의심하는 자들이 다가와서 "헛된 희망을 갖지 말라, 기대하지 말라"고

말할 때, 즐거워하라. 우리는 승리하는 편에 있다! 우리의 역할은 마음껏 즐기고 누리고 또 누리는 것이다. 이렇게 하는 것이 가장 좋은 전투 방법이기 때문이다.

이제 본래 질문으로 다시 돌아가자. 우리는 싸워야 할까 안식해야 할까? 사실 둘 다이다. 우리는 안식의 자리에서, 승리하기 위해서가 아니라 승리의 자리에서 하나님의 약속을 굳게 붙들고 흔들림 없이 확고하게 서서 싸우는 것이다. 중요한 점은 우리가 아버지의 본성과 그분의 모든 존재에 대한 믿음 안에 굳건히 서 있는 것이다.

이것은 우리의 삶에 폭풍우나 영적 전투가 찾아오지 않는다는 말이 아니다. 그러한 폭풍우나 전투들을 부정하는 것이 아니다. 다만 이것들을 우리의 영적 회복력을 키우는 기회로 삼고, 이 싸움 자체를 우리의 영적 양식으로 삼을 때, 우리는 더욱 강해지게 될 뿐이다.

이 책이 집필되던 2023년 2월, 뉴질랜드 역사상 가장 크고 강력한 폭풍 중 하나인 사이클론 가리엘(Cyclone Garielle)이 나라를 휩쓸어 엄청난 피해를 입혔다. 며칠 후 어떤 친구들의 소유지에 방문했는데, 그곳에는 세계에서 가장 큰지는 모르겠지만 남반구에서 가장 큰 마크로카파(Macrocarpa) 나무 다섯 그루가 있었다. 정말 거대한 나무들이었다. 그곳에 도착해 보니 땅바닥에 부러진 가지들과 나무줄기들이 산더미처럼 쌓여 있었다. 나는 그들에게 마크로카파 나무들이 분명히 큰 타격을 입었을 것이라고 했다. 그런데 그 주인은 아주 흥미로운 사실을 나에게 알려 주었다. 평소 바람이 부는 방향을 마주하고 자라난 쪽은 폭풍에도 끄떡없이 잘 견뎌냈다는 것이었다. 부러진 가지들은 전부 평소에 바람을 맞지 않은 쪽에 있는 것들이었다.

나는 그 나무들을 바라보다가 곧바로 다음과 같은 계시를 받았다. 인생의 폭풍들은 하나님으로부터 온 것이 아니지만, 그것들을 우리를 더욱 강하게 하는 양식으로 사용할 기회를 잡을 때 분명 우리 삶에 회복력이 키워진다는 것이었다. 우리의 삶에 던져지는 여러 가지 도전들을 기쁘게 받아들일 수 있다면, 다가오는 모든 전투에 하나하나 맞서 싸우려 하기보다는 안식하며 버텨내는 법을 배움으로서 점점 더 강해질 것이다. 우리가 안식의 자리에서 싸우지 않는다면, 우리는 십자가의 완성된 사역 안에 서 있는 것이 아닌 것이다. 바로 이것이 믿음의 선한 싸움이다.

에베소서에서 말씀하는 바와 같이 우리는 모든 것을 다한 후에는 계속해서 굳건히 서 있어야 한다.

에베소서 6:13

그러므로 하나님의 전신 갑주를 취하라 이는 악한 날에 너희가 능히 대적하고 모든 일을 행한 후에 서기 위함이라

"서 있다"(stand)와 "안식하다"(rest)가 같은 의미를 지닌다는 점이 흥미롭다. 이 둘은 유의어 관계로서, 어떤 경우에는 "안식(쉼)"이나 "안식하다" 대신 "서 있다"를 사용할 수 있다.

안식한다는 것은 하던 일을 멈추고 확신과 신뢰를 유지한다는 의미이다. 서 있다는 것은 특정 위치나 자세를 취하거나 유지하는 것을 의미한다.

우리는 에베소서 6장 13~14절의 "서다"를 "싸우다"의 의미로 이해하는 경우가 많은데, 만일 이것을 "예수님의 본성에 대한 신뢰 가운데 확신하며 안식하다"의 의미로 이해한다면 어떨까? 우리가 십자가로 치러진 대가 가운데 확신하며 굳게 서서 안식한다면, 싸움에 더 잘 임하여 끝까지 버틸 수 있지 않겠는가?

문제는 우리 안에 있는 경우가 많다. 우리가 하나님의 본성이나 십자가의 승리와 능력을 잘 알지 못하기 때문이다. 그로 인해 우리는 기적을 위해 싸우거나 대가를 치러야 한다고 믿게 된다. 이것은 우리가 더 이상 예수님이 이미 이루신 사역 가운데 안식하며 그분을 의지하여 서 있지 않고 있으며, 영적 전투의 승리가 오히려 우리의 능력에 달려 있다는 말이다.

우리의 연약함 자체가 아름다운 것이 될 수 있다. 자기 힘과 능력은 보통 성령이 흐르게 하는 의존의 자리가 아니기 때문이다. 성경은 우리가 약한 그때에 그분이 강하시다(고후 12:10)고 말씀한다. 내가 깨달은 바에 의하면, 우리가 항복할 때 성령님이 진정으로 흘러가신다는 것이다.

일반 가정용 건전지를 생각해 보자. 양쪽 끝에 각각 양극(+)과 음극(-) 단자가 있다. 두 개의 건전지를 하나로 연결하려면 반대되는 단자, 곧 양극과 음극을 서로 연결해야만 작동하게 되어 있다. 같은 극끼리 단자를 연결하면 아무 일도 일어나지 않는다. 우리는 이것을 하나님이 흘러가시는 것에 대한 비유로 사용할 수 있다. 만일 하나님과 우리가 각각의 건전지이고 우리의 힘과 그분의 능력을 연결하려 한다면, 즉 양극과 양극을 연결하려 한다면 능력이 흐르지 않을 것이다. 그러나 우리 건전지의 음극, 즉 우리의 약함을 하나님의 양극, 곧 그분의 능력에 연결할 때에는 능력이 흐르게 된다!

우리가 예수님의 말씀을 먹고 하나님의 신성과 하나 됨을 기쁨으로 누릴 때, 주님이 차려 주신 상에서 맘껏 먹고 마시는 것만으로도 이 모든 영적 싸움과 전투에서 승리하게 될 것이다.

나눠줄 것이 한정되어 있다면서 너무 많이 받지 말라거나 무엇이든 자기 자신을 위해 취하는 것은 이기적인 것이니 오직 베풀기만 해야 한다고 가르치는 종교적 사고방식을 경계하라. 실제로 우리가 그분의 사랑과 선하심을 깊이 들이마시지 않는다면, 아무것도 나눠줄 수 없게 된다. 우리는 고여 있는 연못이 아니라 생수의 강이 우리를 통해 흘러가도록 창조되었다(요 7:38).

요한복음 4장 5~30절에는 우물가에서 예수님과 사마리아 여인의 만남이 묘사되어 있다. 우리는 예수님의 제자들이 그분께 드릴 음식을 구하러 마을에 들어가서 그 자리에 없었다는 사실을 안다. 그녀가 우물에 왔을 때, 예수님은 주리고 목이 마르셨기에 그녀에게 물을 달라고 청하셨다. 여기서 예수님은 그녀에게 다섯 명의 남편이 있었다는 사실을 꿰뚫어 보신다. 또 자신이 주는 물에 대해, 그리고 그것을 마시는 자들은 다시는 목마르지 않을 것에 대해 말씀하신다.

예수님은
"누구든지 이 물을
마시는 자는 영원히
목마르지 아니하리라"
말씀하셨다.
결코 다시는 그 물을
마시지 못할 것이라고
하지 않으셨다!

사마리아 여인은 생수를 마시게 된다. 예수님께 드릴 음식과 음료를 구하러 마을로 들어갔던 제자들이 돌아와서 드실 것을 권하지만, 그분은 그들에게 이렇게 말씀하신다. "내게는 너희가 알지 못하는 먹을 양식이 있느니라… 나의 양식은 나를 보내신 이의 뜻을 행하며 그의 일을 온전히 이루는 이것이니라."(요 4:32, 34)

그러므로 우리는 이 여인은 생수를 마셨지만 예수님은 아무것도 마시지 않으셨음을 안다. 그분은 주리고 목이 마르셨지만, 지금은 그렇지 않으시다. 그렇다면 무슨 일이 있었던 것일까? 이 여인은 예수님이 주시는 생수를 마셨다. 그리고 내가 이 구절을 해석하는 방식에 의하면 예수님이 주시는 생수를 마실 때 만족을 얻는 것은 우리만이 아니다. 그로 인해 오히려 예수님이 채워지신 것이 된다.

우리는 예수님으로부터 받는 것을 두려워하지 않는 사람들이 되어야 한다. 나는 이것이 전혀 이기적으로 보이지 않는다. 오히려 가장 이타적인 행동으로 보인다. 우리가 예수님께 받을 때 우리만 채워지고 만족하는 것이 아니라, 우리가 그분께 받음으로써 그분도 채워지고 만족하시게 된다. 우리가 예수님으로부터 먹고 마실 때, 즉 그분의 상에서 마음껏 먹고 즐길 때, 우리는 우리 자신의 힘과 능력이 아니라 우리 내면 깊은 곳에서 흘러나오는 생수의 강으로 선한 싸움을 싸울 수 있게 준비된다!

디모데전서 6:12

믿음의 선한 싸움을 싸우라 영생을 취하라 이를 위하여 네가 부르심을 받았고 많은 증인 앞에서 선한 증언을 하였도다

위 구절에서 "선하다"로 번역된 헬라어 "칼로스"(kalos)는 사실 "아름다운" 또는 "멋진"으로 옮기는 것이 더 정확하다. 따라서 "믿음의 아름다운(혹은 멋진) 싸움을 싸우라!"로 해석할 수 있다.

믿음의 싸움이 아름답고 멋진 이유는 우리가 십자가의 승리에 기반하여 싸우기 때문이다. 우리는 우리 자신의 힘으로 싸우는 것이 아니다. 예수님이 십자가에서 이미 이루신 일을 이해하고 있기에 그 안식의 자리에서 무릎을 꿇고 싸울 수 있게 된 것이다.

마태복음 11:12

세례 요한의 때부터 지금까지 천국은 침노를 당하나니 침노하는 자는 빼앗느니라

예배를 통한 싸움

마태복음 11장 12절은 우리가 싸움에 임해야 할 때가 있다고 말씀한다. 그러나 하나님은 또한 "너희는 가만히 있어 내가 하나님 됨을 알지어다"(시 46:10)라고도 말씀하신다. 그렇다면 과연 우리는 언제 안

식하고 언제 싸워야 하는 것일까? 사실 나는 싸우는 것과 안식하는 것 모두 좋아한다. 그러나 싸움에도 안식의 차원이 존재하는데, 이것은 마음껏 즐기고 누리는 것만큼이나 강력하기에 반드시 이해해야 한다. 성경에서 자주 인용되지만(때로는 잘못 인용되는) 강력한 말씀의 예를 살펴보자. 이 구절은 온갖 질문을 초월하여 예배를 통해 또는 예배 가운데 싸우는 것의 아름다움과 능력을 보여 준다.

질병과 고통이 마치 당신을 집어삼킬 것처럼 위협적으로 느껴질 때가 있는가? 역대하 20장에 따르면, 주변 나라인 모압과 그 동맹국에서 엄청나게 큰 군대를 이끌고 여호사밧 왕과 유다 백성을 향해 쳐들어왔다. 승리할 가능성이 거의 없는 압도적인 상황에 직면하자 여호사밧은 백성들을 모아 하나님께 구하기로 했다. 그는 "…오직 주만 바라보나이다!"라는 단순한 선포로 끝나는 긴 기도를 드렸다.

그때 주님의 영이 레위 사람 야하시엘에게 임하여 다음과 같이 예언하였다.

역대하 20:15~17

야하시엘이 이르되 온 유다와 예루살렘 주민과 여호사밧 왕이여 들을지어다 여호와께서 이같이 너희에게 말씀하시기를 너희는 이 큰 무리로 말미암아 두려워하거나 놀라지 말라 이 전쟁은 너희에게 속한 것이 아니요 하나님께 속한 것이니라 내일 너희는 그들에게로 내려가라 그들이 시스 고개로 올라올 때에 너희가 골짜기 어귀 여루엘 들 앞에서 그들을 만나려니와 이 전쟁에는 너희가 싸울 것이 없나니 대열을 이루고 서서 너희와 함께한 여호와가 구원하는 것을 보라 유다와 예루살렘아 너희는 두려워하지 말며 놀라지 말고 내일 그들을 맞서 나가라 여호와가 너희와 함께 하리라 하셨느니라 하매

오늘날에도 여전히 우리는 우리의 위치를 정해야 한다! 아버지의 본성을 알고 피로 물든 십자가에서 무엇에 대한 대가가 치러졌는지 앎으로써 우리 위치에 서게 된다. 예배자의 자리에 서서 예수님을 마음껏 기뻐하고 누리는 자리에 서는 것이다. 주님 안에서 안식한다는 것은 아무것도 하지 않는 것이 아니다. 우리가 서야 할 마땅한 위치에 서는 것이다! 삭개오는 나무에 올라가야 했고, 여호사밧도 자신의 시선이 주님께 고정되어 있는지 확인해야 했다. 하지만 자기 자신과 백성을 마땅한 자리에 세우기 위해 한 일은 그뿐만이 아니었다.

여호사밧과 그의 군대가 적에 맞서기 위해 출발하기 전에 그들보다 앞서 나아가며 경배하고 찬양할 자들을 세웠다.

역대하 20:21

백성과 더불어 의논하고 노래하는 자들을 택하여 거룩한 예복을 입히고 군대 앞에서 행진하며 여호와를 찬송하여 이르기를 여호와께 감사하세 그의 인자하심이 영원하도다 하게 하였더니

그들이 찬양하기 시작하자 놀라운 일이 일어났다…

역대하 20:22

그 노래와 찬송이 시작될 때에 여호와께서 복병을 두어 유다를 치러 온 암몬 자손과 모압과 세일 산 주민들을 치게 하시므로 그들이 패하였으니

그들에게 주어진 예언의 말씀은 유다 군대가 싸울 필요는 없지만, 여전히 침략해 오는 군대를 마주해야 한다고 분명히 선언했다. 이것은 그들이 올라와서 맞닥뜨리게 될 것이라는, 다시 말해 적들이 여전히 살아 있을 것이라는 말이었다. 하지만 찬양이 시작되자 주님이 그분의 계획을 앞당기신 것처럼 보였다. 적들끼리 서로 대적하게 하심으로써 여호사밧과 그의 군대가 그곳에 도착하기도 전에 완전히 자멸하게 하셨다.

역대하 20:24

유다 사람이 들 망대에 이르러 그 무리를 본즉 땅에 엎드러진 시체들뿐이요 한 사람도 피한 자가 없는지라

도대체 무슨 일이 일어난 것일까? 예언을 주의 깊게 읽어 보면, 싸우러 나갈 때 찬양을 부르라는 것은 하나님의 뜻이 아니었음을 알게 될 것이다. 그것은 순전히 하나님의 선하심에 대한 그들의 진심 어린 반응일 뿐만 아니라, 승리를 앞당긴 것처럼 보인다. 오늘날 하나님의 백성인 우리가 예배 가운데 온전히 그분께 집중하며, 그분의 모든 존

재와 그분이 약속하신 모든 것에 깊이 잠길 때에도 동일한 원리가 적용된다. 우리가 예수님을 예배하고 마음껏 그분을 기뻐하며 누릴 때, 우리의 원수들을 무장 해제시키고 무찌른 십자가의 완성된 사역을 온전히 신뢰하며 싸움에 임할 때, 우리는 삶 가운데 승리를 보게 되어 있다!

질병과 연약함이 문을 두드릴 때, 기뻐하고 즐거워하라. 질병과 연약함이 문을 두드릴 때, 예배하라. 거인들이 문 앞에 나타날 때, 눈을 들어 예수님을 바라보라. 하나님의 잔치를 기뻐하며 누리는 것과 예배하는 것이 곧 싸우는 것이기 때문이다! 십자가에서 완성된 사역은 믿는 자의 출발점이다. 항상 기억하라. 우리는 승리를 위해 싸우는 것이 아니라 승리의 위치에서 싸우는 것이다. 그리고 우리는 이미 승리했다!

Chapter 5

차별하지 않으시는 분

예수님이 한 사람을 위해 하신 일은 모두를 위해 하신 일이다

로마서 2:11 (새번역)

하나님께서는 사람을 차별함이 없이 대하시기 때문입니다

복음은 모든 사람들, 곧 유대인뿐만 아니라 헬라인을 포함한 모든 이방인들을 위한 것이다(롬 1:16). 하나님은 사람을 차별하는 분이 아니며 편애하시지도 않으신다. 그분은 구원 계획을 통해 주어지는 복들을 받을 수 있는 기회를 모든 사람에게 주셨다. 그분이 한 사람을 위해 하신 일은 모두를 위해 하신 일이었다.

우리는 개인의 성취나 행위와 연결된 오해를 품고 있는 경우가 많다. 그러다가 삶 가운데 기적이 일어나지 않는 상황과 마주하게 되

면, "왜 하나님은 나를 치유해 주시지 않지?" 하는 질문을 던지기 시작한다. 내가 사람들에게 들은 가장 가슴 아픈 질문 중 하나는 "왜 하나님은 저를 치유해 주시지 않기로 선택하셨을까요?"였다. 나는 이 한 가지 오해로 인해 많은 믿는 자들이 하나님에 대한 믿음을 잃고 종종 그분을 떠나 버리는 모습을 봤다.

어떤 이들은 복음이 자기에게는 적용되지 않는다고, 마치 자신은 어떤 예외 상황인 것처럼 생각하기에 불신에 빠진다. 아마도 과거의 사건이나 종교적 가르침들 때문에 이처럼 잘못된 생각을 믿게 되었을 수도 있다. 우리는 복음의 능력이 다른 사람을 위한 것이라고 믿는 데는 아무런 문제가 없을지도 모르지만, 그것이 우리에게도 동일하게 적용된다는 사실은 깨닫지 못할 수 있다.

십자가의 능력을
이해한다면,
우리는 결코 하나님께
분노하지 않을 것이다.

지금까지 이러한 사고방식으로 인해 좌절하고, 결국 실망하고 낙담하게 되는 경우들을 정말 많이 목격했다. 이러한 실망은 너무도 쉽게 불신으로 변하며, 이것은 곧 분노로 바뀌게 된다. 그리고 깨닫지 못하는 사이 하나님께 등을 돌리고 만다.

만일 우리가 십자가의 능력을 제대로 이해하고 있다면 결코 하나님께 분노하지 않을 것이다. "하나님은 왜 저를 치유하지 않으신 걸까요?"라고 질문하며 힘겨워하는 사람들을 볼 때면 마음이 아프다. 나의 대답은 언제나 동일하다. "그분은 당신을 치유하셨습니다. 그것을 당신은 하나님의 치유의 손길을 받을 수 없는 예외적 대상이 아니다!

십자가라고 부릅니다."

십자가와 예수님이 그 십자가에서 어떤 대가를 치르셨는지에 대한 견고한 기초가 없으면, 이 십자가가 모든 사람이 구원받고 치유받도록 마련해 놓았음에도 하나님이 치유하실 사람을 가려내어 택하신다고 생각하게 될 수도 있다. 치유에 대해 이러한 관점을 가질 때, "믿음"은 더 이상 십자가의 완성된 사역을 통해 자비롭고 사랑 많으신 아버지께서 우리를 위해 이미 예비해 두신 것을 받는 것이 아니라, 내켜 하지 않는 재판관에게서 치유를 구걸하려는 시도에 불과한 것이 된다.

십자가는 "완성된" 사역이다. 우리의 죄와 질병은 단 한 번의 제사로 영원히 그 값이 치러졌다. 모든 민족, 모든 죄, 모든 질병에 대해서 말이다. 우리가 할 일은 십자가에서 이미 이루어진 것을 받는 위치, 자리에 서는 법을 배우는 것이다. 기적을 받기 위해 우리가 갖춰야 할 조건은 매우 단순하다. 바로 우리의 필요이다. 그게 전부이다! 그리고 그러한 필요는 예수님의 보혈로 온전히 충족되었다.

주님의 능력은 우리와 함께하시기에 언제 어디서나 누릴 수 있다. 누가복음 5장 17~26절에는 친구들이 지붕에 구멍을 뚫어 예수님께 데려간 중풍병자 이야기가 기록되어 있다. 이곳에는 주님의 치유가 임재해 있었다. 하지만 지켜보는 무리 중에는 바리새인들과 율법 교사들도 있었는데, 이 율법주의자들이 율법 문제에 지나치게 집중한 나머지 주어진 은혜를 놓친 건 아닌지 궁금해질 수밖에 없다. 율법에 지나치게 신경 쓴다는 것은 자신이 기적의 영역을 경험할 만한 자격이 없음을 매우 빠르게 인정한다는 말이다. 자신의 행위나 규칙을 지킬 수 있는 능력(혹은 무능력)에만 관심이 집중되기 때문이다. 이러한 율법적 자기 성찰 상태에서는 십자가를 전혀 의식하지 못하게 된다. 그리고 치유가 나타나지 않는 이유를 찾다가 마음속으로 자신은 하나님의 능력으로도 치유할 수 없는 특별한 예외라고 결론짓게 될 수도 있다.

잘못된 믿음은 단순히 내켜 하지 않는 아버지에게서 치유를 구걸하려는 것에 불과하다.
그러나 우리는 아버지께서 십자가의 완성된 사역을 통해 이미 예비해 두신 것들을 거저 받는 것이다.

우리의 건강 상태와 상관없이 우리의 육신과 삶 전체에 대한 치유의 값은 이미 치러졌다. 하늘에 앉아 계신 아버지께서는 누구를 치유하고 누구는 치유하지 않을지 결정하시는 분이 아니다. 예수님이 그것에 대해 이미 해결하셨기 때문이다. 그분이 채찍에 맞음으로 우리가 나음을 입었다(벧전 2:24). 십자가의 완성된 사역에 신속하게 마음을 돌릴수록, 더 많은 치유가 흐르는 모습을 빨리 보게 될 것이다.

치유는 이미 우리에게 주어졌다. 우리는 그저 그것을 받을 수 있는 위치, 자리에 서는 법을 알기만 하면 된다. 유용한 비유로 전기를 들 수 있다. 전기는 항상 물리적인 영역의 일부였지만, 사람들이 그것을 이해하기 시작한 것은 1700년대가 되어서였다. 예를 들어 1752년에 벤자민 프랭클린(Benjamin Franklin)이 폭풍 가운데 연을 가지고 실험을 하다가 번개가 전기라는 사실을 발견했다. 하지만 거의 100년이 지나 토마스 에디슨(Thomas Edison)이 이것을 활용하는 법을 터득한 후에야 전기가 실제로 사용되었다. 마찬가지로 하나님의 치유 능력은 항상 그곳에 있었다. 단지 우리가 십자가의 예비하심을 통해 이미 주어진 것을 "활용"하는 법을 배워야 하는 것이다.

우리는 우리의 무력함을 정당화하기 위해 온갖 변명을 만들어낸다. 하지만 결국 이러한 변명들은 하나님의 말씀과 복음을 우리 경험의 수준으로 끌어내리는 결과를 가져온다. 하지만 이것은 엄청난 실수이다! 우리는 오히려 우리의 경험을 하나님의 말씀으로 끌어올리는 자들이 되어야 한다. 예수님이 단번에 영원히 유효한 대가를 치르셨으며, 치유가 다른 누구를 위한 것일 뿐만 아니라 우리 자신을 위한 것이라는 사실을 깨달아야 한다.

로마서 6:10

그가 죽으심은 죄에 대하여 단번에 죽으심이요 그가 살아 계심은 하나님께 대하여 살아 계심이니

오랜 세월 교회에 몸담고 있으면서 성경 구절이 문맥에서 벗어난 의미로 인용되는 것을 자주 목격했다. 성경은 십자가가 우리가 받아야 할 심판을 대신 짊어지고 모든 죄와 병의 대가를 치렀다고 분명히

말씀하는데도, 여전히 사람들은 하나님이 질병이나 어떤 재앙을 통해 자신을 심판하시거나 징계하신다고 말하는 것을 자주 듣게 된다. 다음 구절은 대부분 문맥에서 벗어난 의미로 인용되는 경우가 많다.

종교는 설명을 요구하고 핑계를 대지만, 하나님 나라는 실제적인 증거를 원하고 필요로 한다.

요한복음 12:31~32

이제 이 세상에 대한 심판이 이르렀으니 이 세상의 임금이 쫓겨나리라 내가 땅에서 들리면 모든 **사람**을 내게로 이끌겠노라 하시니

흥미로운 것은 오늘날 구약 스타일의 선지자들이 이 구절을 "지금" 심판이 임한다는 믿음의 근거로 삼는다는 사실이다. 또한 이 구절을 예수님이 모든 사람을 그분 자신에게 이끄실 것이며, 그분이 구름 가운데 재림하실 때 우리 모두가 그분을 보게 될 것이라는 의미로 해석하는 사람들도 있었다. 하지만 이 구절을 분해하여 적절한 문맥과 실제 뭐라고 하셨는지 살펴보면, 전혀 다른 의미를 발견하게 된다.

먼저 "사람(들)"이라는 말이 원문에는 없다는 사실을 발견하게 된다. (영어 성경을 포함한 일부 성경은 이탤릭이나 작은 글자로 번역자들이 덧붙이거나 추가한 부분을 표시한다.) 자, 이제 이 구절의 마지막 부분을 더 정확하게 재구성해 보면 다음과 같다.

이제 당연히 다음과 같이 질문하게 될 것이다. "예수님은 정확히

무엇을 자기에게로 이끌겠다고 말씀하시는 걸까?" 사람인가 아니면 완전히 다른 존재인가? 다음 구절로 넘어가면, 이 구절의 아름다움이 발견되기 시작한다.

요한복음 12:33

이렇게 말씀하심은 자기가 어떠한 죽음으로 죽을 것을 보이심이러라

여기서 예수님은 모든 사람이 보게 될 구름 가운데 재림하시는 것에 대해 말씀하시는 것이 아니라는 사실이 분명해진다. 그분은 자신의 죽음, 곧 십자가에 달리실 것에 대해 말씀하시는 것이었다.

십자가에 높이 들리는 바로 이 행위를 통해 예수님은 모든 것을 그분 자신에게로 이끄셨다. 그렇다면 도대체 모든 것이란 무엇일까? 그분은 31절에서 십자가에 대해 다음과 같이 선언하셨다. "이제는 이 세상의 통치자가 쫓겨날 것이다"(새번역). 예수님은 십자가에서 우리에게 임할 심판, 즉 우리의 죄악, 질병, 연약함, 죄책감, 수치, 그리고 정죄와 더불어 과거, 현재, 미래의 모든 것을 짊어지셨다.

이 모든 일이 십자가에서 이루어졌다. 하나도 빠진 것이 없었고, 그 누구도 배제되지 않았다. 그분은 사람을 차별하시는 분이 아니다. 그분이 십자가에서 이루신 일은 모든 인류를 위한 것이었다. 우리가 할 일은 그곳에서 각

내가 땅에서
들리면 모든 것을
내게로 이끌겠노라.

자에게 주어진 것들을 받아들이고 활용하는 법을 배우는 것이다.

우리는 "심판"이라는 것을 어떤 범죄에 대한 유죄 선고와 처벌로만 생각하는 경향이 있다. 그리하여 우리는 어떤 사람이 무죄로 밝혀져 석방될 수도 있다는 사실을 잊어버리곤 한다. 내가 어떤 범죄로 기소되어 법정에서 재판을 받고 있는데 판사가 판결을 내릴 때가 되었다고 가정해 보자. 판사가 의사봉을 내리치며 "무죄"라고 선언한다. 나에게 죄가 없다고 방금 판결을 내린 것이다!

예수님은 세상을 정죄하러 오신 것이 아니었다. 그분은 세상을 구원하러 오신 분이었다.

하나님은 우리를 질병으로 심판하시는 분이 아니다. 그분은 십자가에서 우리의 심판을 담당하셨다. 그러므로 이제 하늘에는 우리에 대한 어떤 혐의도 존재하지 않으며, 그분은 이미 우리가 무죄라고 선언하셨다. 하나님은 우리에게 주실 기적을 일부러 보류해 두시는 분이 아니다. 지금은 이처럼 낡은 심판의 사고방식을 떨쳐 버리고, 예수님이 죽으심로 우리에게 주신 모든 것을 받을 때이다. 그분이 우리의 온전한 구원과 자유, 그리고 치유를 값을 주고 사셨다. 그러므로 도대체 우리가 누구기에 그 일부만을 원한다고 말할 수 있겠는가?

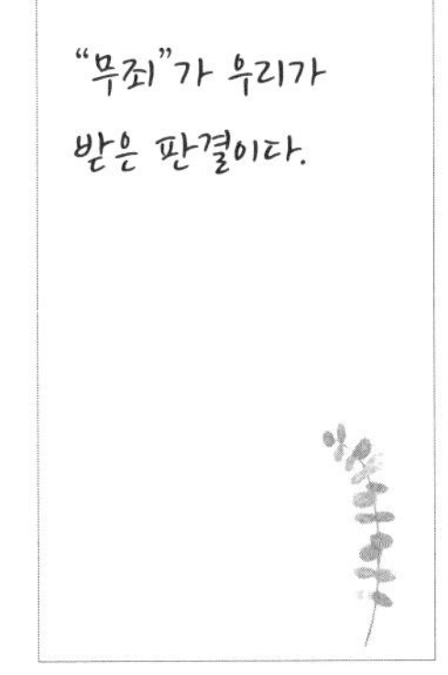

구약 스타일의 예언자들이 국가나 도시, 사람들을 향해 하나님의 심판을 선포하는 모습을 보면 강한 거부감이 든다. 바로 이 장을 쓰고 있는 중에, 쏙 이와 같은 예언자 한 명이

심판의 예언을 선포했다는 말을 전해 들었다. 심지어 그는 그 말을 전달하기 위해 내 나라 뉴질랜드까지 비행기를 타고 왔다고 했다. 그의 말의 핵심은 뉴질랜드가 하나님으로부터 10년간 심판을 받고 있으며 하나님의 은혜를 구할 시간이 7개월밖에 남지 않았다는 것이다! 이것은 복음과는 전혀 일치하지 않는 내용이다.

요한복음 12:47

내가 온 것은 세상을 심판하려 함이 아니요 세상을 구원하려 함이로라

나는 그 말을 즉시 분쇄기에 넣어 버렸다! 소위 예언자라는 자들이 어떤 나라에 날아와서 심판의 말을 내뱉고는, 그들이 초래한 상처와 두려움, 혼란에 대해서는 전혀 책임을 지지 않고 다시 떠나버리는 모습에 정말 화가 난다. 나는 하나님이 우리에게 경고의 말씀을 보내어 조치를 취하고 괴로움을 피할 수 있게 해주시는 분이라고 분명히 믿는다. 하지만 이것은 하나님이 직접 괴로움이나 불행 자체를 보내신다는 주장과는 거리가 멀다.

가족, 결혼, 건강, 재정, 나라 전체를 파괴하고 멸망시키는 것이 바로 죄다. 죄는 어떤 도움 없이 스스로 이러한 파괴와 멸망을 가져온다. 파멸은 죄의 결과이다. 하나님이 십자가에서 이미 모든 심판을 스스로 담당하셨는데, 어떻게 일부 옛 언약의 사람들이 믿는 방식으로 심판하실 수 있겠는가. 예를 들어 끔찍할 정도로 파괴적인 폭풍이 하

나님의 심판이라면, 어째서 인정 많은 신자들이 피해자들을 구출하고 소망과 치유를 회복시키기 위해 나서는 걸까? 그것은 하나님의 뜻을 거스르는 일이 아니겠는가? 그것은 하나님의 심판이 아니다. 나쁜 일들은 타락하고 죄로 물든 세상에서 일어난다.

물론 성경은 심판의 날에 하나님이 심판자가 되실 것이라고 분명히 밝히고 있다. 하지만 이 "심판의 날"은 어느 날에 있을 특정 사건이지, 몇 년 혹은 며칠 등의 기간이 아니다. 예언적 과오를 통해 오히려 나는 이 깨어지고 상한 세상에는 믿는 자들이 자신들의 부르심에 대한 계시 안에서 일어나 예수님과 그분의 치유 능력을 그분의 애정 어린 손길을 간절히 필요로 하는 상처받은 인생들에 풀어놓는 모습을 보여 주는 것이 절실하다는 것을 재확인할 뿐이다.

지진이나 홍수 같은 재앙이 닥치기 전이나 후에 심판을 선포하는 것은 어렵지 않다. 하지만 민족과 나라 위에 건강과 치유뿐만 아니라, 하나님의 축복과 목적, 그리고 그분의 구원을 선포하고 그들을 휩쓸 치유의 부어짐을 선언하려면 새 언약의 예언자가 필요하다. 이렇게 하는 것은 세상을 심판하기 위해서가 아니라 구원하기 위해 아들을 보내신 아버지의 마음을 보여 준다.

지금은 심판의 때가 아니다! 오히려 지금이 바로 세상이 한 번도 본 적 없는 가장 크고 위대한 기적이 부어지는 때이자, 질병이라는 골리앗이 예수님의 이름 앞에 무릎 꿇고 절할 때이다. 세상에 깊은 영향을 끼치려면 교회 강단의 기름부음만으로는 부족하다. 하나님의 백성들이 복음과 하늘 아버지의 본성을 알고 나아가 물매와 돌을 집어들어야 한다. 지금은 새 언약의 믿는 자들, 즉 우리가 일어나 빛을 발하며 예수님이 대가를 치르신 것들을 얻어내야 할 때이다!

Chapter 6

누가 당신의 친구인가?

하나님은 우리에게 두려움의 영을 주지 않으셨다

사람들에게 사역을 하면서 발견한 가장 큰 문제 중 하나는 그들이 두려움을 극복하고 치유를 받을 수 있는 자리로 나아가게 하는 것이다. 예를 들어 우리는 어떤 종양을 발견하거나 의사의 진단을 받았을 때 최악의 상황을 생각하는 습관이 있으며, 두려움에 동조하는 것은 우리의 자연스러운 본능이다.

이번 장의 내용은 몇 년 전 나에게 일어난 재미있는 이야기에서 비롯되었다. 우리는 캘리포니아 레딩에서 매년 열리는 치유 학교를 막 마쳤다. 나는 그다음 날 그 지역 쇼핑몰을 둘러보고 있었다. 한 여성이 다가오더니 치유 학교에 참석했다며 자신을 소개했다. 그녀는 자신이 레딩에서 피부과 전문의로 일하고 있다고 했다. 그리고 내 피부가 지나치게 하얗다면서 피부과 전문의의 관리를 받고 있는지 알고 싶어 했다.

그녀가 무료로 나의 피부과 주치의가 되어 주겠다고 제안했기에 나는 4개월마다 검진을 받으러 가곤 했다. 어느 날 그녀를 만나러 갔는데, 평소처럼 걱정되는 점이 있는지 나에게 물었다. 사실 눈썹에 나를 불안하게 하는 혹이 하나 있었지만, 그것을 말하기가 꺼려졌다. 내가 신경 쓰지 않는 척하면 그것이 사라질 것이라고 생각했던 것이다! 때로는 여기에서 더 나아가 우리는 믿음과 현실 부정을 혼동하기도 하는데, 이 둘은 완전히 다른 것이다. 현실 부정은 가짜로 꾸며내는 것이지만, 믿음은 그 문제에 정면으로 맞서며 해결책이 더 크다고 확신하는 것이다. 만일 우리의 믿음을 의사를 만날 필요가 없다거나, 심지어 나처럼 그 문제를 무시하려는 것으로 여긴다면, 사실 우리 내면 깊은 곳에서는 이미 두려움에 동조하고 있을 수도 있다.

그녀는 내 혹을 살펴보았지만, 상태가 어떤지 확신하지 못하는 것 같았다. 연고를 주며 집에 가져가서 2주간 하루 세 번 바르고 다시 와서 검진하자고 했다. 안타깝게도 나는 2주 후에도 그것이 여전히 남아 있으면 어떻게 되는지 묻는 실수를 저질렀다. 그녀는 그런 경우 조직검사를 해볼 필요가 있다고 말했다. 호기심이 많은 성격이라 조직검사가 어떻게 진행되는지 물었고, 그녀는 눈썹을 밀고 샘플을 채취할 것이라면서 검사 결과가 암에 대한 양성 반응이 나올 경우 완전히 제거될 때까지 악성 부위를 절제해야 한다고 답해 주었다.

두려움에 동조해 버린 내 마음과 생각은 즉시 혼란에 빠져들었다. 집에 도착하자마자 가장 먼저 한 일은 생명보험 계약서를 확인하여 보험료가 빠짐없이 납부되었고 보험이 실효(失效)되지 않았는지 확인하는 것이었다.

이어지는 2주는 정말이지 고통 그 자체였다. 만약 정말 암이고 내 인생의 끝이 이렇게 시작되는 것이라면, 무슨 일이 벌어질지 생각하기 시작했다. 내가 죽으면 아내는 어떻게 생계를 꾸릴까? 만약 눈을 제거해야 한다면 어떻게 보일까? 이미 뇌까지 전이되었을까? 등등 많은 생각을 했다.

처방받은 대로 2주 동안 연고를 바르고 불안한 마음으로 다시 의사를 찾아갔다. 그녀는 진찰하기 전에 기도하는 것을 좋아하는 대단히 친절한 그리스도인이었다. 그날은 내 아내를 위해 기도하고 싶어 했는데, 상당히 긴 기도가 되어 버렸다. 속으로는 이렇게 생각하고 있었다. '내 아내를 위해 기도해 달라고 여기에 있는 게 아냐. 이건 나와 내 문제에 관한 거라고!' 기도 중에 몇 번이나 큰 소리로 "아멘"이라고 하면서 그녀의 기도를 끝내게 하려 했지만 소용없었다.

마침내 그녀는 기도를 마치고 내 눈썹을 살펴보기 시작했다. "음… 오… 와…" 나는 좋지 않은 소식이 분명하다고 완전히 확신하게 되었다. 분명 두려움에 더욱 강하게 사로잡히면서 혈압도 하늘 높이 치솟았을 것이다. 마침내 그녀가 검사를 마치고 뒤로 물러서자, 나는 더 이상 참을 수 없었다. "선생님, 뭔가요? 솔직히 말씀해 주세요. 암인가요?"

그녀는 나를 바라보며 말했다. "아니요, 크리스. 암이 아니에요.

눈썹에 비듬이 생긴 거예요. 해결책은 간단합니다. 샴푸만 바꾸면 돼요."

그날 병원을 나서며 크게 안도했지만, 동시에 그동안 얼마나 두려움을 "친구" 삼아 지냈는지 깨달으면서 스스로가 너무나도 어리석게 느껴졌다. 두려움은 불안에 휩싸인 2주 내내 나를 완전히 속였다.

사역을 하다 보면, 종종 사람들이 두려움과 함께하는 모습을 보게 된다. 그것은 의사의 진단 때문일 수도 있고 나처럼 자신이 상상한 진단 결과가 사실이 될까 봐 느끼는 것일 수도 있다. 우리의 마음이 거짓된 상상으로 가득 차게 내버려두는 것은 너무나도 쉬운 일이다. 사도 바울이 경고한 것처럼, 우리는 반드시 마음을 다스리고 통제해야 한다.

> 고린도후서 10:4~5
>
> 우리의 싸우는 무기는 육신에 속한 것이 아니요 오직 어떤 견고한 진도 무너뜨리는 하나님의 능력이라 모든 이론을 무너뜨리며 하나님 아는 것을 대적하여 높아진 것을 다 무너뜨리고 모든 생각을 사로잡아 그리스도에게 복종하게 하니

하지만 나는 두려워하는 이들을 질책하거나 두려움의 영에 맞서는 일은 거의 하지 않았는데, 대부분의 경우 그들이 이미 알고 있는 문제를 내가 더욱 부추기기만 할 뿐이라고 믿기 때문이다. 나는 언제나 눈에 보이는 상황과 반대되는 것을 말하고 선포하는 방식을 취해

왔다. 그래서 두려움을 보면 평안을 선포한다. 우리는 삶 가운데 평강의 왕을 깊이 인식하고 깨달아 두려움이 발붙일 여지조차 없는 사람들이 되어야 한다.

마가복음 5장 25~34절에는 혈루증을 앓는 여인 이야기가 나온다. 그녀는 가까스로 예수님을 둘러싼 군중을 뚫고 들어가서 그분의 옷자락을 만질 수 있을 만큼 가까이 다가갔고 치유받을 수 있었다. 예수님이 그녀에게 하신 말씀은 다음과 같았다.

마가복음 5:34

딸아 네 믿음이 너를 구원하였으니 평안히 가라 네 병에서 놓여 건강할지어다

"평안히 가라"보다 더 나은 번역은 "평안 속으로 들어가라"이다. 예수님은 이 여인의 삶의 핵심 영역, 즉 그녀가 평안 가운데 행하지 못하고 있음을 정확히 지적하신 것 같다. 우리는 14장 "신성한 건강"에서 이 여인의 이야기를 다시 살펴볼 것이다. 또한 나의 첫 번째 책인 《주의 선하신 치유 능력》에서 이 주제에 대해 더 자세히 다루었다.

마가복음 4장 38절에서 예수님과 제자들이 광풍이 몰아치는 호수를 건너고 있을 때, 배가 침몰할 위기에 처하자, 제자들은 공포에 질려 예수님을 깨웠다. "선생님이여 우리가 죽게 된 것을 돌보지 아니하시나이까 하니." 그들은 이미 두려움에 동조한 상태였다. 하지만 당연히 예수님은 그렇지 않으셨는데, 너무 평안히 쉬고 계셔서 제자들

이 그분을 깨워야 할 정도였다. 여담이지만 흥미로운 점은 마가복음 4장에서 예수님이 파도를 꾸짖지 않으시고 바람만 꾸짖으셨다는 사실이다. 우리는 증상을 꾸짖는 데 많은 시간을 할애하지만, 원인을 꾸짖음으로써 더 나은 열매를 맺을 수도 있다.

우리 주변에서 일어나는 그 어떤 일보다, 우리 내면의 실재, 곧 하나님의 평강이 더 실제적이어야 한다. 바로 이것이 우리가 주변의 영적인 분위기를 바꿀 수 있는 방법이다. 이것을 배우기 전까지는 단순히 하나님이 이미 우리 안에 두신 평강을 인식하기보다는, 외부에서 평강을 찾기 위해 애쓰는 데 더 많은 시간을 허비하게 될 것이다. 우리가 마주하는 폭풍 속에서 우리의 권위는 반드시 하나님의 안식과 평강의 자리에서 비롯되어야 한다. 어쩌면 우리가 평안히 잠드는 법을 배울 수 있는 폭풍 속에서만 권위를 가지게 될 수도 있다.

친구란 함께 어울리고, 관심을 기울이며, 충고와 지도를 구하는 사람이다. 그러므로 묻겠다. "누가 당신의 친구가 되었는가?" 당신의 상황에 눌려 두려움에 굴복하게 되었는가? 아니면 당신 안에 거하시는 평강의 왕께 주의를 기울이며 그분을 신뢰하고 그분의 음성에 귀 기울이고 있는가?

여기서 한 가지 중요한 차이점이 있는데, 두려움과 동행하기를 거부하는 것과 두려움이 전혀 없는 척하는 것은 다르다. 그리스도인의 삶은 두려움을 부정하는 것이 아니다. 우리 모두는 살면서 두려움을 마주하게 된다. 개인적으로는 두려움을 부정하면서 살아가려는 것은 전혀 건강하지 않다고 본다. 두려움은 실재한다. 하지만 우리는 두려움이라는 존재가 언제나 문을 두드리며 "친구"로 위장한 채 우리의 생각과 삶 가운데 발판을 마련하려 한다는 사실을 인식해야 한다. 중요한 것은 그러한 상황에 우리가 그것에 어떻게 대처할지 선택하는 것이다.

앞서 말한 것처럼, "나는 의사에게 가지 않고, 믿음 안에 굳게 설 거야!"라고 말하는 사람들이 있다. 하지만 이런 경우 대부분은 믿음이 태도가 아니다. 겉으로는 용감한 척하지만, 속으로 사실 두려움과 동조하고 있을 수도 있다. 나는 몸에 무언가 문제가 생기면 그것이 정확히 어떤 문제인지 파악하고 싶어진다. 그래야 어떻게 맞서고 기도하며 실제적인 조치를 취할지 알 수 있기 때문이다. 나는 문제가 실제로는 존재하지 않는다고 스스로에게 말하려 애쓰지 않는 법을 배웠다.

살면서 두려움이라는 감정을 겪을 만큼 겪어 봤다. 건강, 재정, 세상에 대한 염려, 사회 문제 등 다양한 영역에서 두려움이 여러 차례 내 문을 두드렸다. 심지어 문이 열리도록 내버려둔 적도 많았다… 두려움이 얼마나 빨리 우리 마음의 방 안으로 들어와 그곳을 완전히 장악하고 우리의 행위와 건강, 삶 전체에 영향을 끼치는지 아는가? 그것은 우리의 모든 감정적 에너지를 꾸준히 빨아먹는다. 우리는 해결책보다 문제 자체를 더 신뢰함으로써 결국 우리의 믿음을 잘못 사용하게 된다. 그리고 왜 그 문제가 사라지지 않는지를 궁금하게 여긴다. 두려움은 우리의 평안과 건강을 앗아가고 삶의 모든 힘과 에너지를 고갈시킨다.

만일 두려움의 문을 닫고 평안한 삶을 영위하기 위해 중단해야 할 것들이 있다면, 행동을 취할 것을 권한다. 세상이나 지역의 소식이 평강을 잃게 만든다면, 그 대신 하나님의 말씀이라는 좋은 소식을 마음껏 누리라. 개인적으로는 뉴스 기사들을 읽어도 평강을 유지할 수 있지만, 아내는 그렇지 못하여 뉴스를 아예 보지 않기로 했다. 대부분의 경우 그녀는 내가 알려 주는 소식들 외에는 이 세상에서 무슨 일이 벌어지고 있는지 전혀 알지 못한다. 그리고 그조차도 내가 선택적으로 알려 줘야 한다. 우스갯소리로 대륙 전체가 사라져도 눈치조차 못 챌 거라고 말할 정도이다!

우리는 두려움에 대한 문을 닫고, 그것이 우리의 친구가 아니라고 선포하는 의식적인 결정을 내려야 한다. 나는 예수님의 다음 말씀을 대단히 좋아한다.

> 요한복음 14:27
>
> 평안을 너희에게 끼치노니 곧 나의 평안을 너희에게 주노라 내가 너희에게 주는 것은 세상이 주는 것과 같지 아니하니라 너희는 마음에 근심하지도 말고 두려워하지도 말라

여기서 "평안"은 고대 히브리어 "샬롬"(shalom)을 번역한 것이다. 이 샬롬이라는 말은 강력한 힘과 능력을 품고 있으며, 충만함, 완성, 온전함 등 다양한 의미를 지니고 있다. 또한 "혼돈을 파괴하는 영" 혹은 "거짓 권세를 파괴하는 영"을 의미하기도 한다. 성경적 의미의 평안은 모닥불 주위에 앉아 발을 뻗고 편히 쉬면서 아무것도 하지 않

는 것이 아니다. 사실 평안에는 군사적 태세의 의미가 내포되어 있는데, 모든 것이 잠잠해질 때까지 전진하며 우리를 둘러싸고 있는 혼돈을 파쇄하는 것이다. 이것은 우리가 하나님과 화목케 되었음을, 그리고 "우리 안에 계신 이가 세상에 있는 자보다 크심"을 인식하는 것이다(요일 4:4).

예수님은 주변에서 온갖 일이 벌어지고 있는데도 결코 평안을 잃지 않으셨다. 그분의 삶에 혼란이 전혀 없었던 것은 분명 아니었다. 오히려 그 반대였다. 그분 주변에는 거의 항상 어딘가에서 혼란이 있었다. 하지만 그분은 결코 그러한 혼란에 동조하지 않으셨다.

무리를 섬기며 사역하신 후 제자들이 그분께 나아왔을 때에도 그분은 평소와 마찬가지로 평안하셨다. 마태복음 14장 15~21절에 기록된 바와 같이 제자들은 떡 몇 덩이와 물고기 몇 마리밖에 없는 곳에서 굶주린 수천 명의 사람들을 먹일 양식을 구해야 한다는 사실에 염려하고 있었다. 제자들에게는 오직 걱정과 불평거리만 보였다. 그곳은 빈 들, 곧 외딴 곳이고, 사람들에게는 먹을 것이 필요했다. 그곳에는 수천 명의 사람들이 있었는데, 그들이 가진 것은 떡 다섯 덩이와 물고기 두 마리밖에 없었던 것이다. 예수님은 그들의 부족함과 두려움에 동조하지 않으셨다. 그분은 풍요와 감사의 자리에서 자신이 이미 가지고 계신 것에 감사하셨다. 결국 남자 오천 명뿐만 아니라, 함께 온 모든 여자와 아이들까지 먹고도 남은 음식만 열두 바구니나 가득 차게 거두었다.

마태복음 17장 27절에서 베드로는 재정 문제로 예수님께 나아왔다. 그에게는 성전세를 낼 돈이 없었기에 성전 관리자들의 압박에 조금 불안해진 것 같았다. 예수님은 두려움에 동조하지 않으시고 하늘의 풍성함과 함께하셨다. 그분은 베드로에게 가서 호수에 낚시를 던져 첫 번째로 올라오는 고기를 잡으라고 말씀하셨다. 그러면 그 입안에 베드로뿐만 아니라 그분의 세금까지 낼 수 있을 만큼 충분한 돈이 있을 것이라고 하셨다.

우리의 하늘 아버지는 우리의 공급자이시며, 치유자, 구속자, 구원자, 구세주이시다. 그분이 이미 우리 마음속에 거하시는데, 왜 두려움에 문을 열어 주려 하는가?

하나님의 평강은 마치 우리 안에 존재하지 않는 것처럼 보인다. 하지만 이러한 평강은 우리가 애써서 얻어내야 하는 것이 아니다. 외부에 존재하여, 우리가 애써서 얻어내야 하는 것이 아니다. 우리는 이미 예수님을 통해 의롭다 함을 받았으며, 그분을 통해 하나님과 화평을 누리게 되었다(롬 5:1). 하나님과 화평을 누린다는 사실을 아는 것 자체가 우리 안에 하나님의 평강을 가져다주며, 이러한 평강은 그리스도 예수 안에서 우리의 마음과 생각을 지켜준다(빌 4:7). 우리 내면에 있는 하나님의 평강을 인식하는 바로 이 자리가 그분의 평강이 전이되는 지점이다. 또 이러한 평강은 우리에게서 주변의 환경과 상황 속으로 흘러 들어가게 된다.

이뿐만 아니라 우리에게는 예수님이 직접 우리에게 주신 하나님의 평강도 있다(요 14:27). 요한복음 14장 27절을 다시 살펴보자. 바로 여기서 그분으로부터 상속받는 평강의 종류를 확인할 수 있다.

요한복음 14:27

평안을 너희에게 끼치노니 곧 나의 평안을 너희에게 주노라 내가 너희에게 주는 것은 세상이 주는 것과 같지 아니하니라 너희는 마음에 근심하지도 말고 두려워하지도 말라

두려움을 우리 마음에 받아들여 괴로워할 필요가 없다. 예수님이 우리에게 주신 그분의 평안은 모든 두려움과 불안의 해독제이다. 바로 이 평안, 곧 "샬롬"이 우리 내면에서 일어나는 모든 혼란을 파괴하게 되어 있다. 우리 주변의 외적 현실을 변화시키는 것이 바로 이러한 내적 실재를 인식하는 것이다. 하나님은 우리가 그분으로부터 받은 것이 가장 어려운 상황들을 변화시키고, 질병과 고통에서 우리를 구원하며, 결핍과 정신적 고통을 풍요와 건강, 그리고 완전한 안녕으로 바꿀 것이라고 믿기 바라신다.

게다가 우리는 스스로 가지고 있다고 확신하는 것만 다른 이들에게 줄 수 있다. "평안을 너희에게 끼치노니 곧 나의 평안을 너희에게 주노라" 하셨기에 우리에게는 나눠줄 수 있는 그분의 평안이 있다. 하나님은 한때 나에게 이것을 아주 놀라운 방식으로 보여 주셨다.

2015년 어느 날, 영국에서 열린 금요일 밤 집회에서 사역하고 있었다. 잠깐 낮잠을 잔 것 외에는 거의 48시간 동안 깨어 있었기에 나는 완전히 지쳐 있었다. 그날 밤 우리는 놀라운 기적의 돌파를 경험했다. 집회가 끝날 무렵 분명 사역을 받고 싶어서 군중을 헤치고 내게 다가오는 한 여성이 보였다. 그녀는 정신적 고통을 받고 있는 것이 확

실했다. 나는 너무 지쳐 있었고 정신적 한계에 부딪힌 것처럼 느껴졌기에 그 순간에는 어느 누구에게도 더 사역하고 싶지도 않았다. 운전해 주시는 분이 와서 나를 구해주기 바라며 주변을 둘러보았지만, 그는 어디에도 보이지 않았다. 이번에는 대신해 줄 인턴이 있는지 찾아보았지만, 모두가 바쁘게 움직이고 있었다. 이제는 이미 늦어 버렸다. 그 여성은 바로 내 앞에 서서 사역을 기다리고 있었다.

그녀가 자기소개를 하자 나는 정중히 어떻게 사역해 드릴지 물었다. 그녀는 자신의 문제들을 열거하기 시작했다. 다중인격장애(DID), 외상 후 스트레스 장애(PTSD), 플래시백[1], 외모 비하, 신체 이형 장애(BDD)[2], 여러 차례의 자살 시도, 그리고 사탄 숭배 의식 학대 피해자 등 상당히 많은 문제로 고통받고 있었다.

내 앞에 놓인 문제들에 압도당하는 느낌을 받으며 그 자리에 서 있었던 기억이 난다. 나는 하나님과 속으로 대화를 나누기 시작했는데, 기분이 좋지 않았다. '주님, 제가 얼마나 지쳐 있는지 보이지 않으세요? 왜 하필 오늘 밤이어야 하죠? 제가 잠을 좀 자고 기운을 차린 내일은 안 되는 건가요?'

주님의 애정 어린 책망이 느껴졌다. "크리스, 네 평안이 네게서 떠나갔다고 생각하는구나. 네 평안은 이미 호텔 방에 잠들어 있고 네가 오기만 기다리고 있다고 생각하겠지." 나는 완전히 동의할 수밖에 없었다. 그러자 그분이 말씀하셨다. "사실 나는 너와 분리될 수 없다. 내

1) 현실에서 특정 소리·냄새 등 단서를 만나면 과거 트라우마가 현재처럼 강렬히 재현되는 현상
2) 자신의 외모에 존재하지 않거나 경미한 결점에 대해 과도하게 집착하고 고통받는 정신 건강 장애

평안은 결코 너를 떠난 적이 없지. 단지 네 안에 거하는 평안을 네가 인식하지 못했을 뿐이란다." 그분은 또 이렇게 말씀하셨다. "너는 단지 요한복음 14장 27절 말씀과 내가 네게 남겨준 것을 잊었을 뿐이다. 이제 가서 그녀를 치유해 주어라!"

그분의 평강이 호텔 방에서 돌아온 것이 아니었다. 그것은 애초에 떠난 적도 없었다. 단지 내 마음의 중심이 피곤하고 지친 내 상태에서 영원히 내 안에 거하시는 하나님께로 옮겨졌을 뿐이었다. 나는 순종하여 그녀의 머리에 손을 얹고 말했다. "나의 평안을 당신에게 줍니다." 나는 평강의 성령님이 그녀 위에 임하셔서 그녀의 삶 속의 모든 혼돈이 치유되게 해 달라고 기도했다. 45초에 불과한 기도였다. 나는 그녀를 안아주고 최대한 빨리 호텔로 돌아가 잠을 청했다.

다음 주 일요일 오후 누군가 내가 기도해 준 그 여성에 대한 페이스북 간증을 보았느냐고 물었다. 그녀가 놀라운 치유를 경험했다는 것이었다. 나는 그녀의 이름을 알아낸 후 그녀의 페이지를 보기 위해 페이스북 친구 요청을 보낸 다음, 그녀의 이야기를 더 알고 싶다고 메시지를 보냈다. 이야기를 나누면서 나는 주님이 그녀의 삶 가운데 어떻게 운행하셨는지 듣게 되어 기뻤다. 앞으로 몇 주, 몇 달 동안 그녀가 자신의 삶에 있었던 이 기적을 어떻게 영위해 나갈지 지켜보고 싶었다. 나는 그녀가 약을 복용 중이라는 사실을 알고는 목회자 모드로 전환하여 의사의 허락 없이는 복용을 중단하지 말라고 당부했다.

그녀는 무슨 일이 벌어졌는지 알리기 위해 진료 예약을 잡았다. 이후 정신과 전문의와의 후속 예약이 잡혔고, 두 달 뒤인 2015년 11월

16일에 진료를 받았다. 다음은 그녀가 이후에 주치의로부터 받은 소견서의 일부이다.

> 오늘 베벌리(Beverley)를 진찰했습니다. 그녀는 본질적으로 정상적인 상태로 돌아왔으며 훨씬 나아 보입니다. 더 이상 정신 분열 증상이나 플래시백, 환청, 외모 비하 또는 신체 이형 장애 증상이 보이지 않습니다. 복통도 없고 규칙적으로 식사하고 있습니다. 그녀는 체중이 안정적이며 여전히 어느 정도의 식사 제한은 있다고 보고했습니다. 캘리포니아 사역자의 치유 집회에 참석한 후 매우 빠르게 호전되었습니다. 그녀는 몇 년 전 믿음으로 신경성 식욕부진을 극복했을 때에도 비슷한 경험을 했습니다. 나는 그녀의 회복 속도에 완전히 놀랐으며 이것은 과학적으로 설명이 불가능합니다. 우리는 더 이상 정기적인 진료 예약을 잡지 않기로 합의했으며, 그녀가 필요하다고 느낄 경우 언제든 다시 방문할 수 있도록 문을 열어 두었습니다.

바로 이것이 혼돈을 파괴하는 성령님의 능력이다!

그녀의 이야기는 13장에서 더 자세히 다루겠지만, 그날 밤 하나님이 나에게 알려 주신 것, 즉 예수님의 평강은 우리가 어떻게 생각하고 느끼고 있는지와 상관없이 항상 우리 내면에 존재한다는 것을 나누기 위해 여기에 소개하였다. 로마서 5장 1절에서 말씀하는 같이 우리는 예수님을 통해 하나님과 화평을 누리게 되었다. 이것은 우리에게 없는 것을 얻어내기 위해 애쓰는 것이 아니라, 이미 가지고 있는 것을 인식하는 것이다.

하나님과 화평을 누린다는 것은 우리의 죗값이 이미 치러졌다는 말이다. 또한 하나님이 이제 우리를 의롭게 여기신다는 뜻이다(롬 3:22, 골 2:14). 우리는 더 이상 그분과 원수 관계가 아니다. 오히려 그분의 사랑받는 자녀들이다.

중요한 점을 다시 강조한다. 두려움은 우리의 친구가 아니다. 그것을 결코 하나님으로부터 온 것이 아니다.

디모데후서 1:7

하나님이 우리에게 주신 것은 두려워하는 마음이 아니요 오직 능력과 사랑과 절제하는 마음이니

더 이상 두려움의 영에 동조하지 않기로 오늘 같이 결단하자. 또한 두려움이 문을 두드릴 때 우리의 초점과 애정을 우리 내면에 거하시는 평강의 왕이자 해결책이신 예수님께 의지적으로 돌리기로 결단하자.

선포 기도

아버지, 저를 향한 아버지의 크고 놀라운 사랑에 감사드립니다. 하늘의 풍성함에 감사드립니다. 저를 향한 주님의 생각이 선하심에 감사드립니다. 예수님, 제 안에 거하시는 평강의 왕이신 주님께 감사드립니다. 주님은 두려움의

영이 아니라, 능력과 사랑과 절제의 영을 주셨습니다.
오늘 나의 삶에 두려움은 나의 친구가 아니라고 선포합니다! 나는 오늘 두려움과의 결별을 결심합니다. 내 삶의 모든 두려움에게 선언하고, 오늘은 새로운 날이라고 선포합니다. 나는 내 삶 위에 하나님의 평강을 말하고 하나님의 평강이 내 삶을 통치한다고 선언합니다. 건강과 가정, 직장, 재정, 관계 등 내 삶에 모든 영역에 있는 혼돈에게 주님의 평강을 선포합니다. 나는 주님을 신뢰하며, 주님의 평강이 주님께 속하지 않은 모든 것을 파쇄할 것을 믿습니다. 내 육신에 건강을 말하고, 가족과 재정, 그리고 삶의 모든 영역에 복을 선포합니다. 이제부터 두려움이 나의 문을 두드릴 때 그것이 친구인 척하는 두려움임에 불과함을 분별할 수 있는 지혜를 주시길, 그리고 두려움이 저의 마음과 생각에 들어오는 것을 거절하며 평강의 왕이신 주님 안에 굳건히 서게 해달라고 구합니다.

이제 우리는 평강의 왕이 우리의 친구라고 기도하고 결단하였으니, 무엇이 와서 문을 두드리든 그분의 평안 가운데 들어가 그 안에 머물러 있으라.

Chapter 7

응답 받지 못한 기도 더미

소원이 이루어지는 것은 곧 생명 나무니라

우리 모두 삶 가운데 한때 돌파가 필요했거나 여전히 필요한 영역들이 있다. 잠언 13장 12절에서 말씀하는 바와 같이 그러한 응답이 오지 않고 우리의 소망이 지연될 때 우리는 쉽게 상심하고 낙담하게 된다. 사람들을 이와 같이 낙담하게 만드는 가장 큰 문제들 중 하나는 응답받지 못한 것처럼 보이는 기도 제목들이 한 가득 쌓여 있을 때이다. 사실 이 일은 너무나 자주 발생하기에, 이 주제에 한 장을 할애할 필요가 있다고 여겨졌다.

어느 일요일 아침, 한 여성이 기도를 받으려고 강대상 앞으로 나아왔던 일이 기억난다. 간단히 인사를 나눈 뒤, 그녀는 어느 부분에 치유가 필요한지 말했다. 막 기도를 시작하려는데, 그녀가 나를 제지하며 이렇게 말했다. “기도해 주시기 전에 말씀드릴 게 있어요.” 그녀는 이어서 바로 이 문제를 두고 얼마나 많은 유명 인사들, 누구나 이름을 알 만한 사람들이 기도해 주었는지를 이야기해 주었다. 그런 다음 “이제 당신이 무엇을 할 수 있는지 보죠”라고 말했다.

독자들에게 묻겠다. 이 여성은 치유를 받으러 온 것일까, 아니면 단순히 기도를 받으러 온 걸까? 많은 경우 사람들은 실제로 치유를 받으러 오는 것이 아니다. 왜냐하면 그들은 더 이상 치유를 기대하지 않기 때문이다. 그들은 점점 쌓여가는 응답받지 못한 기도에 또 하나를 추가하여 자신들의 믿지 못함을 정당화하려고 나아오는 것이다.

예수님은 병든 자들을 위해 기도해 주라고 우리를 부르신 것이 아니다. 그들을 치유하라고 부르신 것이다. 교회가 너무나 무기력해졌기에 그분의 백성인 우리는 낙심하게 되었고, 치유에 대한 기대를 낮춰 버렸다. 대신 위로는 되지만 치유의 돌파는 없는 듣기 좋은 기도에 만족해 버린다.

나는 사역으로 섬기려던 그 여성을 멈춰 세우고 이렇게 말했다, “그러니까 여러 번 기도를 받으셨다는 말씀이시군요.” 그녀는 잠시 생각하더니 “음, 아마 백 번쯤 될 거예요”라고 말했다. 응답받지 못한 기도가 말 그대로 산처럼 쌓여 있다는 말이었다!

나는 이렇게 답했다. “오늘은 좀 다르게 해보는 게 어떨까요? 두 가지 조건 하에 기도해 드릴게요. 하나는 당신이 정하고, 나머지 하나는 제가 정할게요.” 그녀는 호기심 어린 눈빛으로 나를 바라보며 물었다, “당신에게 사역을 받기 위한 제 조건은 뭔가요?”

나는 그녀에게 다음과 같이 말했다. "오늘 이전에는 단 한 번도 사역을 받아 본 적이 없는 것처럼 나아오셨으면 합니다. 누군가 당신을 위해 기도해 주는 것이 처음인 것처럼 임하세요."

그녀는 이렇게 답했다. "알겠어요, 그건 할 수 있겠네요… 그런데 두 번째 조건은 뭐죠?" 나는 다음과 같이 대답했다. "제 조건은 마치 제가 이러한 증상이나 상태를 위해 기도할 기회가 있을 때마다 매번 치유받는 모습을 본 것처럼 기도해 드리겠다는 것입니다."

조각들이 맞춰지자 그녀는 약간 충격을 받은 것처럼 보였다. 자신의 사고방식이 예수님에 대한 믿음에서 벗어나 실망과 불신에 치우쳐 있었음을 깨달은 것이다. 체념하던 기색이 사라지고 갑자기 희망을 품게 되었다. 기대감으로 가득 찬 새로운 영적 분위기 가운데 하늘의 풍성함으로 그녀에게 사역하며 섬겼다.

이 상황에는 두 가지 측면이 있다. 첫 번째는 기도를 받는 사람의 입장이다. 사역을 받으러 나아올 때 중요한 것은 과거에 사역을 받았지만 돌파가 나타나지 않았던 경험들을 떠올리지 않아야 한다는 것이다. 과거의 경험과 함께 모든 낙담을 뒤로하고, 하나님은 선하시며 예수님이 우리의 치유에 필요한 모든 대가를 이미 치르셨다는, 그리고 오늘이 기적을 위한 크고 놀라운 날이라는 확고한 믿음과 새로운 기대를 가지고 나아가야 한다!

두 번째로, 사역하는 사람도 하나님의 선하심과 십자가의 완성된 사역을 기억해야 한다. 그리고 과거에 무슨 일이 있고 없었든지, 기적이 일어날 것을 기대하는 마음가짐으로 임해야 한다. 우리는 항상 우리의 부족과 결핍이 아니라 반드시 하늘의 풍성함의 자리, 위치에서 기도해야 한다. 나는 과거보다 오늘날 더 많은 사람들이 치유받는 모습을 보고 있는 것에 감사하지만, 치유에 대한 개인적인 실적은 그리 대단하지는 않다. 그러나 예수님을 살펴보면, 그분의 치유 실적은 정말 놀랍다! 그분께 나아온 모든 사람은 한 명도 예외 없이 치유받았다.

마태복음 12:15b

많은 사람이 따르는지라 예수께서 그들의 병을 다 고치시고

사도행전 10:38

하나님이 나사렛 예수에게 성령과 능력을 기름 붓듯 하셨으매 그가 두루 다니시며 선한 일을 행하시고 마귀에게 눌린 모든 사람을 고치셨으니 이는 하나님이 함께하셨음이라

예수님은 여전히 우리의 롤모델이시며, 그분의 영은 우리 내면에서 거하고 계신다. 그분은 우리가 그분의 발자취를 따라 그분이 사랑하시는 이 세상에 치유를 가져올 수 있도록 필요한 대가를 치르셨다. 우리는 인내해야 하며, 절대로 낙심하여 포기해서는 안 된다. 어쩌면 당신이 기도하는 바로 다음 사람이 치유받게 될지도 모른다!

내 생각에는 해결되지 않은 실망감이 바로 사람들이 예수님께 등을 돌리는 가장 큰 요인일 것이다. 만일 우리가 치유가 일어나는 모

습을 보지 못했다는 이유로, 내면 깊은 곳에서 더 이상 하나님이 고통받는 자들을 치유하실 것을 진정으로 믿지 못한다면, 우리 모두는 이것에 대해 어느 정도 책임을 져야 한다. 또 어떤 사람이 기도 사역을 받았는데도 치유받지 못했다면, 반드시 그것은 우리에게 괴로운 일이 되어야 한다! 우리에게는 이전에 한 번도 경험해 본 적 없는 강력한 능력이 필요하다. 그래야 치유를 구하며 나아오는 더 많은 사람들이 하나님이 자신들을 치유하셨음을 깨닫고 기뻐하며 돌아갈 수 있게 된다.

마태복음 17장에서 우리는 심한 간질로 고통받는 아들을 예수님의 제자들에게 데려와서 고쳐달라고 부탁하는 남자를 보게 된다. 하지만 제자들이 그 아이를 고치지 못했기에 아이의 아버지가 예수님께 데려갔고, 예수님은 그를 고쳐 주셨다.

여기서 잠시 다른 이야기를 해보자(이 이야기는 나중에 다시 다룰 것이다). 이 이야기를 피상적으로 읽고 "모든 사람을 치유하시는 것이 하나님의 뜻은 아니다"라는 잘못된 결론에 이르기 쉽다. 만일 예수님이 그 아이를 치유해 주시지 않고 "제자들이 치유하지 못했다니 아마도 아버지의 뜻이 아닌 것 같다"라고 말씀하셨다면, 나는 이 이야기를 완전히 다르게 가르쳐야 했을 것이다. 하지만 예수님은 사람들에게 그 아이를 데려오라고 하신 다음, 바로 그 자리에서 축사하고 치유해 주셨다. 왜냐하면 치유하시는 것은 언제나 아버지의 뜻이며, 이것은 예수님의 인격(본체) 가운데 드러났다(히 1:3). 여호와 라파, 즉 "너희를 치료하는 하나님"이 그분의 이름이다(출 15:26). 흥미로운 점은 이것이 바로 성경에서 처음으로 하나님이 자신을 이름을 치유자로 소개하신 부분이라는 것이다.

마태복음 17장으로 돌아가서 19절을 보면, 제자들이 예수님께 따로 와서 "우리는 어찌하여 쫓아내지 못하였나이까"라고 묻는다.

우리가 사람들에게 사역을 해주면서도 그 결과를 보지 못하고 있다면, 우리도 제자들처럼 예수님께 따로 나아가야 한다. 이 책을 쓰던 중, 나도 역시 따로 예수님께 나아가야만 하는 시간을 보냈다. 내가 사역하며 섬기던 분이 돌아가시면서 큰 충격을 받았기 때문이다. 그래서 나도 예수님을 따로 찾아가는 시간을 가졌다. 이러한 상실은 결코 익숙해지지 않는다. 만일 시간이 지나면서 사람들을 섬기며 사역한 경험이 많아질수록 이런 일이 점점 더 쉽게 여겨진다면, 마음이 굳어졌음이 틀림없다. 그런 충격은 매우 고통스러운 일이기에, 깊이 실망하고 낙심하지 않도록 나 자신을 보호하기 위해 주님과 함께하는 시간이 필요했다. 심지어 예수님도 따로 은밀히 아버지께 나아가실 때가 있었다. 마태복음 14장 13절을 보면, 세례 요한의 죽음에 대한 소식을 들으신 예수님은 따로 외딴 곳으로 물러나 혼자만의 시간을 보내려 하셨고, 결국 23절에 이르러 무리를 섬기며 사역하시고 모두를 돌려보내신 뒤에 그렇게 하셨다.

예수님은 오직 아버지와 함께하시기 위해 외딴 곳으로 가신 것이다. 나는 예수님이 슬프고 낙심되는 이 시기에 아버지의 사랑과 선하심을 스스로 상기하기 위해 이렇게 하셨다고 믿는다. 아버지와 함께하는 바로 이 고독한 곳에서 우리도 그분의 은혜와 사랑을 다시 깨닫고, 우리의 좌절과 실망을 십자가 앞에 내려놓을 수 있다. 흥미롭게도 마태복음 14장 36절에서 주목할 점은 예수님이 아버지와 함께 시간을 보내고 돌아오신 뒤 처음으로 병자들과 마주치셨을 때, 그분의 옷자락을 만진 모든 사람이 치유받았다는 것이다. 그분은 병든 자들을 향한 섬김과 사역을 단 한 순간도 중단하거나 포기하지 않으셨다.

이러한 좌절과 실망의 상황이 벌어질 때, 오차는 그분 때문이 아니다. 또 결코 우리가 기도해 주는 대상을 정죄하거나 탓하는 것도 아니다. 그렇다면 이 등식에서 단 한 사람만 남게 된다! 그 경험으로부터 우리가 배우는 것이 있을지라도, 어떤 방해와 좌절도 우리를 의기소침하게 하거나 심지어 믿음을 잃게 만드는 장애물이 되도록 내버려두면 안 된다는 말이다. 결실을 보지 못했다고 뒤로 물러나거나 자책하는 것은 도움이 되지 않는다.

반면 우리가 기적이 필요한 당사자라면, 예수님께 따로 나아가 이유를 묻는 것도 아무런 유익이 없다. 사실 "왜 저에게 이런 병이 생겼나요?", "어째서 아직도 치유되지 않은 건가요?" 같은 질문은 보통 답을 얻지 못할 뿐만 아니라, 쉽게 실망하고 의심하게 한다.

우리는 자신의 치유를 구하면서 응답받지 못한 질문들이 쌓여 걸림돌이 되도록 결코 내버려두어서는 안 되며, 다른 이들을 섬길 때에도 그 질문들에 흔들려서는 안 된다. 믿는 자들로서 우리는 아버지의 선하심에 대한 믿음

오늘의 실망에 어떻게 대처하느냐가 내일의 결실을 결정한다.

과 소망, 그리고 신뢰를 계속해서 중심에 두고, 계속 십자가에서 완성된 사역을 믿으며, 우리의 기적에 대한 대가는 이미 완전히 치러졌다는 확신 안에 굳게 서야 한다.

Chapter 8

당신은 합당한 자인가?

성찬의 치유 능력 회복하기

치유를 받는 것에 있어서 믿는 자들이 경험하는 가장 큰 걸림돌은 자격이 되지 않는다는 느낌이다. 이전 장에서는 치유받을 만한지 그렇지 않은지에 대해 살펴보았는데, 이제는 사랑의 아버지 앞에서 설 수 있는 우리의 신성한 위치, 지위와 우리에게 필요한 치유를 상탈해 가는 잘못된 믿음과 가르침들을 조금 더 깊이 들여다볼 때이다. 바로 이 자격 없음에 관한 문제가 가장 선명하게 드러나는 영역 중 하나가 성찬에 대한 우리의 잘못된 믿음인데, 고린도전서의 핵심 구절에 그 근거를 둔 경우가 많다.

고린도전서 11:29~30 (한글킹제임스)

이는 주의 몸을 분별하지 못하고 합당치 않게 먹고 마시는 자는 자신의 저주를 먹고 마시는 것이기 때문이라 이 때문에 너희 가운데 많은 사람이 약하고 병들었으며 상당수가 잠들었느니라

이 구절은 주님의 만찬을 다루는 성경 구절 중 가장 자주 인용되는 말씀일 것이다. 수십 년간 교회에 다니면서 수천 번의 성찬식에 참여해 왔는데, 그 오랜 세월 동안 이 구절이 사용될 때마다 언제나 내면을 들여다보며 내가 자격이 되는 사람인지 살펴보곤 했다. 그러한 자기 성찰 뒤에 내가 합당하게 성찬에 참여하고 있다는 느낌을 받은 적이 단 한 번도 없었다.

종교는 우리가 하나님의 공급이나 심지어 그분의 사랑조차 받을 자격이 없다고 가르쳐 왔다. 약 14년 전 나의 눈이 열리기 시작하면서 이 구절을 완전히 다른 관점에서 바라보기 시작했다. 그 후 주님의 만찬에서 이 구절이 인용될 때마다 나는 불편해지곤 했다. 내 생각에 이 구절은 성경에서 가장 잘못 인용되고 오해받는 구절 중 하나일 것이다. 이 구절을 오용함으로써 우리는 주님의 식탁에서 생명을 풀어놓는 것이 아니라, 오히려 하나님의 백성을 정죄하여 결국 그들에게 '자격이 되지 않는다'는 의식만 남겨주었고, 이것은 그들이 주님과 동행하는 것을 가로막는 족쇄 역할을 하고 있다. 그러면서 우리는 도대체 왜 그리스도의 치유 능력이 우리 가운데 흐르는 모습을 보지 못하는지 궁금하게 여긴다.

본격적으로 이 구절을 자세히 살펴보기 전에 이 말을 하고 싶다. "은혜에 대해 확실하고 분명하게 이해하라." 불과 몇 년 전 미국에 있는 어느 교회에서 말씀을 가르치려 할 때였는데, 교인 한 분이 예배 중 앞자리에 앉아 있는 나에게 다가와 매우 날카로운 말투로 말했다, "당신이 은혜에 대해 가르친다는 건 알고 있습니다. 앞에 서서 사람들에게 '우리는 치유를 받을 만한 자격이 없다'고 말하지 않는 편이 좋을 겁니다!" 나는 그에게 다음과 같이 대답했다. "형제님, 바로 그 점 때문에 은혜가 은혜인 것입니다!" 내가 앞에 나가서 무엇을 가르쳤는지 아는가! 은혜란 진정 자격이 되지 않음에도 주어지는 하나님의 은총이며, 우리 중 그 누구도 치유받을 만한 자격이 되지 않지만 (우리는 결코 그것을 충분히 얻어낼 만큼 선할 수 없다), 단지 예수님이 우리를 위해 하신 일 덕분에 자유롭게 누릴 수 있다는 것이다. 바로 이것이 은혜가 은혜인 이유이다.

분명히 말하지만, 은혜란 자격이 되지 않음에도 주어지는 하나님의 은총 그 이상이다. 나는 결코 이러한 측면으로만 은혜를 제한하고 싶지 않다. 하지만 무엇이 은혜가 아닌지 분명히 이해하기 바란다. 은혜는 하나님의 은총이나 치유를 얻어낼 수 있는 우리의 능력과는 아무런 상관이 없으며, 우리 스스로 그 자격을 박탈할 수도 없다. 물론 우리는 여전히 그분께 순복하며 살아가야 하지만 말이다. 이미 나누었듯이 자신이 치유받을 만한 자격이 되지 않는다고 생각한다면, 먼저 그 잘못된 믿음을 치유받아야만 하나님의 은혜 아래로 들어갈 수 있다. 이것은 스스로 치유받을 만하다고 주장하는 이들에게도 마찬가지이다. 양쪽 모두 자신을 더 중시하여 그리스도를 부인하게 만들기 때문이다. 은혜에 대해서는 2부 13장에서 더 깊이 살펴볼 것이다.

이제 이 부분을 잘 정리하였으니 고린도전서 11장 29~30절 말씀을 하나하나 분석해 보자.

30절 도입부에서 사도 바울은 "이 때문에"라고 한다. 여기서 중요한 점은 그가 복수형을 사용하여 "이것들 때문에"라고 말하지 않는다는 것이다. 그는 그리스도인들이 약해지고 병들며 제명을 다하지 못하는 단 하나의 이유를 지적하고 있는 것처럼 보인다. 그렇다면 그 이유란 과연 무엇일까? 사도 바울에 따르면, 그들이 주님의 몸을 분별하지 못했기 때문이라고 한다.

고린도 교인들은 그들이 떡(빵)을 먹는 이유를 알고는 있었을까? 29절은 다음과 같이 시작한다. "이는 주의 몸을 분별하지 못하고 합당치 않게 먹고 마시는 자는 자신의 저주를 먹고 마시는 것이기 때문이라."

"합당하지 않게"(개역개정에는 "분별하지 못하고"로 되어 있다)는 부사다. 부사는 동사, 즉 동작이나 행함을 나타내는 말을 설명하거나 수식한다. 이 구절에서는 "먹고 마시는"이라는 동작을 "합당하지 않게"라는 말로 조금 더 구체적으로 설명하고 있다.

"합당하지 않게 성찬에 참여하는 것"에 대해 《바인스 성경 사전》(Vine's Expository)은 어떻게 설명하는지 살펴보자.

합당하지 않게 – 아낙시오스(Anaxio-s G371)는 고린도전서 11장 27절에서 주님의 만찬에 "합당하지 않게" 참여하는 것을 가리키는 데 사용되었다. 즉 이것을 평범한 식사로 취급하여 그 떡(빵)과 포도주를 평범한 것으로 여김으로써 그것의 엄숙한 상징적 의미를 깨닫지 못하는 것을 의미한다.

그러므로 다음을 확실히 해 두어야 한다. "합당하지 않게"(또는 "분별하지 못하고")라는 표현은 먹고 마시는 행위를 설명하는 것이지, 먹고 마시는 사람 자체를 말하는 것이 아니다. 우리는 사도 바울의 이 말이 "네가 (삶 가운데 죄나 실패가 있기에) 합당하지 않은 사람이라면 성찬에 참여해서는 안 된다"는 뜻이라고 너무나도 익숙하게 생각해 왔지만, 그가 하고 있는 말은 전혀 그런 의미가 아니었다! 다음이 더 나은 표현일 수 있다. "주님의 성찬을 피상적인 것으로 취급하지 말고, 십자가에서 너희를 위해 모든 일을 행하신 예수님을 높여 드리며 나아오라."

나는 바로 이것이 교회의 가장 크고 놀라운 축복이어야 할 성찬을 정죄의 근원으로 전락시킨 지점이라고 여긴다. 우리는 삶 가운데 지은 죄가 있으면 "성찬에 참여하지 말라고 성경이 말씀하신다"는 설교를 끊임없이 듣는다. 그렇게 할 경우 우리가 심판을 받아 병들고 약해져서 죽게 된다는 것이다. 하지만 성경을 제대로 읽어 보면 이것이 사실이 아니다! 이렇게 가르침으로써 우리는 의도치 않게 그리스도의 몸 된 교회에 정죄를 불러오고, 그렇게 하여 믿는 자들에게서 성찬의 능력을 빼앗아 버린다. 따라서 치유와 기적이 마땅히 나타나야 할 만큼 흐르지 못하는 것도 놀랄 일이 아니다.

예수님의 보혈 없이는 우리 중 누구도 자격이 되지 않는다. 오직 그분의 보혈 덕분에 우리가 합당하게 되었으며, 오직 그분의 죽음만이 우리에게 주님의 성찬에 참여할 자격을 부여한다. 그러나 일단 그분의 보혈이 우리를 깨끗하게 하고 덮어 주셨다면, 우리는 온전하고 완전하게 합당한 자들이 된 것이다. 그러므로 우리가 여전히 합당하지 못하다고 말한다면, 우리는 예수님의 보혈의 능력을 부인하는 것이다!

"합당하지 않게"라는 표현과 그 의미를 살펴보자. 계속해서 29절 하반절과 30절을 읽어 보면 다음과 같다.

29~30절 (우리말)

먹고 마시는 사람은 자기가 받을 심판을 먹고 마시는 것입니다. 이로 인해 여러분 가운데 몸이 약한 사람과 병든 사람이 많고 죽은 사람도 적지 않습니다. 우리가 우리 스스로를 살핀다면 심판을 받지 않을 것입니다

사실 이것은 성찬의 떡과 포도주가 주님의 몸과 피를 기억하게 하는 강력한 상징물이라는 의미와 중요성을 분별하거나 이해하지 못하면, 주님을 멸시하는 무례한 태도로 합당하지 않게 먹고 마시는 것일 수도 있다고 말하는 것이다.

"합당하지 않게"가 부사임을 기억하자. 우리가 주님의 식탁에 참여하면서 그것을 교회에서 "하는 일" 정도로만 취급한다면, 갈보리

에서 흘러나오는 놀라운 축복과 치유를 놓치고 있는 게 아니겠는가? 교회 안에 있는 많은 이들이 자신들이 실제로 무엇을 하고 있는지 거의 모르고 있다. 심지어 "더 중요한" 일을 할 시간을 빼앗는다는 이유로 성찬식을 더 적게 하기로 결정한 교회들도 있었다. 누구든 믿는 자들이 성찬을 시간 낭비로 여기는 경우도 있다는 것은 비극적인 일이다.

내가 하려는 말은 주님의 만찬에 참여하는 방식 자체가 우리를 치유한 채찍 자국(벧전 2:24)을 포함하여 주님의 몸의 놀라운 혜택을 경험할 것인지를 직접적으로 결정한다는 것이다. 만일 우리가 성찬이 예배 가운데 너무 많은 시간을 차지한다거나 "이건 그냥 떡 조각에 불과하다"는 태도를 취한다면, 우리에게 정확히 그 정도의 의미밖에는 되지 않을 것이다. 결국 단언컨대 우리가 참여할 수 있는 가장 크고 위대한 식사를 통해 누릴 수 있는 놀랍고도 생명력 넘치는 능력을 스스로 박탈하게 될 것이다. 우리는 치유를 경험할 수 있음에도 불구하고 사도 바울이 말한 대로 그저 약하고 병들고 심지어 죽어가는 상태에 머물러 있게 될 것이다.

사도 바울이 삶 가운데 죄를 지었을 때 성찬에 참여하지 말라고 한 적이 있는가? 이제 이 구절의 정확한 의미를 살펴보았으니, 그가 의식에 지나치게 치중하거나 경솔한 태도가 아니라, 우리를 위한 그분의 지고한 희생과 찢겨진 몸, 그리고 흘린 피를 반드시 인식하는 올바른 마음가짐으로 성찬에 나아가 온전함을 받으라고 말하고 있음을 분명히 알 수 있다.

하지만 우리는 결코 죄가 믿는 자들의 삶에서 중요한 문제가 아니라고 생각하는 함정에 빠져서는 안 된다. 바울이 의도한 바는 분명 그런 뜻이 아니었고, 나 또한 마찬가지이다. 그것은 성경을 완전히 왜곡한 것이다. 죄 때문에 예수님은 우리를 구속하시기 위해 자기 목숨을 희생하셨다. 그러나 우리의 삶 가운데 (과도한 자기 성찰에 빠져 있는 것이 아니라) 자각하고 있는 죄가 있다면, 그것을 그분께 가져가 그 영향력과 결과에서 치유받는 데 이보다 더 좋은 방법이 있겠는가?

나는 개인적으로 성경을 읽거나 설교할 때 《뉴킹제임스 성경》(New King James)을 사용하는데, 여기에는 번역자들이 소제목을 삽입하여 각 장이 더 작은 단위로 나뉘어져 있다. 흥미롭게도 27절의 소제목은 "너 자신을 살피라"이다. 당연히 우리 자신을 살펴야 하지만, 앞선 구절 어디에서도 바울은 "네 삶 가운데 죄가 있는지 스스로 살펴보라"고 말하지 않았다. 그는 고린도 교인들에게 스스로를 살펴 예수님을 높여 드리고 그분께 집중하는 합당한 방식으로 먹고 마시는지 확인하라고 말하고 있다! 그 어디에도 떡과 포도주를 들고 자신이 얼마나 합당하지 않은 사람인지와 지금까지 저지른 모든 잘못에 집중하며, 성찬에 참여하기 전에 하나하나 고백하라고 말씀하지 않는다. 다시 말하지만, 성찬은 우리가 했거나 하지 않은 일 때문에 스스로 자격을 상실하지 않았는지 확인하려고 우리 자신을 확대경으로 들여다보는 시간이 아니다.

바울은 29절에서 합당하지 않게 성찬에 참여하는 것에 대하여 논하기 전에 주님이 그에게 직접 말씀하신 내용을 전한다.

고린도전서 11:24~25

축사하시고 떼어 이르시되 이것은 너희를 위하는 내 몸이니 이것을 행하여 나를 기념하라 하시고 식후에 또한 그와 같이 잔을 가지시고 이르시되 이 잔은 내 피로 세운 새 언약이니 이것을 행하여 마실 때마다 나를 기념하라 하셨으니

그것은 바로 "예수님께 집중하라"는 것이다! 성찬, 즉 주님의 만찬은 예수님과 그분이 이루신 모든 일들에 관한 것이다. 그리스도의 몸인 우리는 그리스도와 십자가 중심으로 다시 돌아가야 하며, 다른 어느 때보다도 성찬에 임하는 우리의 태도와 마음가짐에서 분명히 드러나야 한다.

29절로 돌아가 보면, "자기가 받을 심판을 먹고 마시는 것"이라는 표현이 나온다. 역본에 따라 "심판", "죄", "저주" 등 대단히 부정적인 의미를 내포하고 있는 표현을 사용하기 때문에, 우리는 이 구절이 하나님의 분노나 진노에 관한 말씀이라고 쉽게 추측하게 된다. 다시 말해 이러한 생각으로 성찬에 임한다면, 오히려 오해로 인해 치유받을 자격을 스스로 박탈하는 것에 불과할 것이다. 사실 여기서 "심판"(개역개정은 "죄")은 헬라어 "크리마"(krima)로 "신의 판결 또는 선고"를 의미한다. 아담과 하와가 죄를 지었을 때, 인류에게 신의 판결이 내려졌다. 질병과 고통, 죽음은 그로 인한 몇 가지 영향력, 결과들이다. 예수님은 그 모든 빚의 대가를 하나하나 치르셨다.

믿는 자들로서 우리는 심판에 상당히 불안하고 초조해질 수 있

는데, 그것이 진정 무엇을 의미하는지 제대로 이해하지 못하는 경우가 많기 때문이다. 하지만 우리가 5장에서 살펴본 내용을 기억하는가? "유죄"가 심판이라면 "무죄"도 마찬가지이다! 우리를 대신하여 십자가에서 완성된 사역을 통해 이 세상의 심판이 예수님께 내렸고, 이제 그분의 제자인 우리에게 "무죄"가 선언된 것이다!

이미 5장에서 요한복음 12장에 기록된 익숙한 내용의 의미를 탐구하면서 또 다른 관점에서 심판을 살펴보았다. 그것을 다시 정리해 보자.

요한복음 12:31~32

이제 이 세상에 대한 심판이 이르렀으니 이 세상의 임금이 쫓겨나리라 내가 땅에서 들리면 모든 사람을 내게로 이끌겠노라 하시니

기억하라. 이 구절은 하나님이 오늘날 우리를 심판하신다는 뜻도, 예수님이 모든 "사람"을 자신에게로 이끌고 계신다는 뜻도, 또는 언젠가 구름 가운데 오셔서 모든 사람이 그분께 이끌릴 것이라는 뜻도 아니다. 실제로 원문에는 "모든 사람"에서 "사람"이라는 말 자체가 없기 때문이다. 그러므로 더 정확한 번역은 "내가 땅에서 들리면 모든 것을 내게로 이끌겠노라"이다. 예수님은 자신이 십자가에 달려 이 땅에서 들리신 채 죽으실 것을 말씀하고 계시며, "모든 것"이란 우리를 위해 "모든 심판"을 대신 담당하실 것을 말씀하신 것이다.

2000년 전 예수님은 우리를 위해 심판받으셨다. 그분은 우리의

죄와 그로 인한 모든 형벌, 즉 질병과 고통, 죄책감, 수치심, 그리고 정죄까지 친히 짊어지셨다!

이것이 바로 복음의 놀랍고도 좋은 소식이다. 그분은 세상을 심판하러 오신 것이 아니라 세상을 구원하러 오셨다(요 12:47). 물론 나는 여전히 심판의 날이 임할 것이라고 믿는다. 하지만 그날은 주로 악한 자들에게 심판이 임하는 날이 될 것이며, 믿는 자들에게는 승리의 날이 될 것이다. 우리는 이미 심판을 받았고, 예수님의 보혈 덕분에 심판자가 의사봉을 내리치며 "무죄!"라고 선언했기 때문이다. 주님의 성찬에 나아갈 때 우리는 더 이상 하나님의 심판을 두려워할 필요가 없다.

내 삶의 어떤 시기에는 매일 성찬에 참여하며, 그것이 단순히 주님과 그분의 신실하심, 사랑, 선하심, 그리고 은혜에 관한 것이며, 치유는 그분이 십자가에서 이미 대가를 치르고 이루신 일에 관한 것임을 스스로 상기했다. 이 장을 쓰고 있는 지금도 날마다 다시 성찬을 행하라는 감동이 일어나고 있다. 당신도 그렇게 할 것을 권면한다. 당신이 출석하는 교회에서 정기적으로 성찬을 행하지 않거나, 행하더라도 이 중요한 식사를 기념하는 데 충분한 시간을 할애하지 않는다면, 집에서 혼자서도 행할 수 있다.

주님의 만찬에 참여할 때마다 예수님께 집중하라. 그리고 건강과 치유가 내면 가장 깊은 곳으로 흘러 들어와서 뼈와 장기에 생명과 활력을 가져다줄 것이라는 놀라운 기대를 품으라. 떡과 포도주를 손에 들고 주님이 이루신 일과 십자가의 완성된 사역에 감사하는 시간을 가지라. 그분의 보혈 덕분에, 그분이 값을 치르셨기에 우리가 합당한 자가 되었으며 우리의 기적이 이미 이루어졌음에 감사하라. 치유는 우리의 것이다.

유월절

출애굽기 12장에는 하나님이 이스라엘 백성들을 애굽의 노예 생활로부터 이끌어 내시기 직전에 유월절을 제정하시는 모습을 보게 된다. 유월절은 이후 그리스도를 통해 이루어질 일에 대한 예표였다. 모세와 아론은 이스라엘 백성에게 그해의 첫째 달 열흘에 각자 자기와 그들의 가족들을 위하여 흠 없는 일 년 된 숫양을 취하여 그달 열넷째 날 해 질 무렵에 잡으라고 전했다.

7절은 다음과 같다. "그 피를 양을 먹을 집 좌우 문설주와 인방에 바르고." 죽음의 천사가 애굽 온 땅을 두루 다니며 모든 장자들을 죽일 것이었지만, 문설주에 피가 있는 집은 지나쳐 감으로써 그 안에 있는 자들은 안전할 것이었다.

양을 준비하고 요리하는 방법도 매우 구체적이었는데, 여기에는 그 안에 든 내장과 함께 요리하라는 내용도 포함되었다. 바로 여기에 예수님의 놀라운 모습이 담겨 있다. 그분은 우리를 위해 자신의 생명 일부만 주신 것이 아니라 온전히 다 내어주셨다.

이어서 11절에서는 다음과 같은 지시를 받는다. "너희는 그것을 이렇게 먹을지니 허리에 띠를 띠고 발에 신을 신고 손에 지팡이를 잡고…" 옷차림에 관한 지시가 이렇게까지 구체적이라는 점이 흥미롭다. 그들은 허리에 띠를 띠고, 신을 신고, 지팡이를 들어야 했다. 하나님이 그들을 노예살이에서 해방시키려 하셨기에 달릴 준비가 된 옷차림이어야 했던 것이다!

이스라엘 백성들은 이 피를 분별하되, 자신들의 구원과 해방을 온전히 기대하며 그렇게 했다. 우리가 성찬의 테이블에 나아가며 주님의 몸을 분별할 때, 곧 그것을 단순한 종교의식으로 대하지 않고 합당한 방식으로 받아들일 때, 우리도 당장 행동할 준비가 되어 있어야 한다. 하나님이 우리를 우리의 애굽에서 곧 해방시키실 것이기 때문이다. 우리는 달릴 준비를 해야 하는 것이다!

출애굽기 12:51

바로 그날에 여호와께서 이스라엘 자손을 그 무리대로 애굽 땅에서 인도하여 내셨더라

우리의 애굽에서 해방될 것을 기대하며 주님의 상에 나아가는가, 아니면 주님의 성찬을 전혀 분별하지 못한 채 종교 의식으로서 다가가는가? 정확하게 분별하며 나아가 합당한 방식으로 성찬에 참여한다면, 같은 날 질병과 고통에서 해방되어 구원받을 것을 기대하며 성찬에 임하게 될 것이다. 도대체 어떻게 기대하며 나아갈 수 있을까? 합당하게 참여하면 된다! 예수님을 기억하고 우리가 그분의 피로 합

당한 자가 되었음을 인식하며 십자가에서 완성된 사역에 대한 감사와 감격으로 나아가는 것이다.

질병과 교훈

우리가 인생의 여정 가운데 가장 놀라운 것들을 배운다는 점에는 의심의 여지가 없다. 하지만 이것은 하나님이 우리에게 어떤 교훈을 주시려거나 신성한 목적을 위해 병을 보내셨다는 말과는 거리가 멀다. 바로 이 장을 쓰고 있는 주간에, 어떤 분이 교회에서 암 검사 결과가 깨끗하게 나왔다는 기쁜 소식을 전하며, 자신의 병을 하나님이 보내신 시련이었다고 말하는 소리를 들었다. 그분의 암이 완치되었다는 소식이 매우 기쁜 일이지만, 사람들이 그와 같이 끔찍한 질병을 하나님이 내리신 시련이었다고 말하는 것을 들을 때마다 강한 거부감이 든다.

하나님은 우리에게 어떤 교훈을 가르쳐 주시려고 질병을 보내시는 것이 아니다. 오히려 질병에 교훈을 가르치시려고 예수님을 보내셨다.

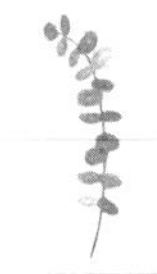

정말로 하나님이 어떤 교훈을 주시기 위해 질병을 보내신다고 생각한다면, 약을 처방하여 우리를 낫게 하는 의사를 찾아가는 것은 그 의사로 하여금 하나님의 뜻을 거스르거나 심지어 반역하게 만드는 것이 아니겠는가? 하나님의 목적이 우리가 먼저 교훈을 배우는 데 있다면 말이다. 그런 논리라면, 교훈을 빨리 배

우기 위해 일부러 치유를 구하지 않고 고통받는 편이 더 낫지 않겠는가?

하나님은 우리를 심판하거나 심지어 어떤 교훈을 주시려고 질병을 보내시는 분이 아니다. 이것은 옛 언약의 사고방식이며 터무니없는 생각에 불과하다. 오히려 하나님은 예수님을 보내어 질병에 교훈을 주셨다. 우리는 새 언약 아래 있으며, 우리 모두는 새로운 피조물이다. 옛 것은 지나갔고 모든 것이 새로워졌다(고후 5:17). 우리가 필요로 하는 기적을 받을 준비를 하려면, 우리의 사고방식을 바꿔야 한다!

우리는 합당한 자이다!

이 장의 목적은 오늘날 교회에 널리 퍼져 있는 잘못된 믿음, 즉 우리가 하늘에 계신 아버지께 받아들여지기 전에 자격이 있음을 스스로 확인해야 한다는 생각을 바로잡는 것이다. 특히 우리가 성찬을 위해 그분께 나아갈 때, 이러한 잘못된 믿음, 신념은 결코 진리가 아니라는 것을 충분히 보여 주었기 바란다.

“합당함” 또는 “자격”에 관한 또 다른 관점을 나누고 싶은데, 이것은 탕자의 비유에서 찾아볼 수 있다. 이 젊은이는 아버지에게 모든 유산을 달라고 설득한 다음, 그 돈을 가지고 집을 떠나 전부 탕진하고 이방 땅에서 거지가 되었다. 당시 문화에서는 이것이 사기 자신은 물론 가족에게도 큰 수치로 여겨졌다. 결국 그는 자기 인생이 엉망이 되었다는 사실을 깨닫고 집으로 돌아가기로 결심하면서 아버지께 드릴 반성문을 준비했는데, 그 내용은 다음과 같은 말로 끝맺었다. "저는 더 이상 아버지의 아들이라 불릴 자격이 없습니다"라는 참회의 말을 드릴 준비를 했다.

하지만 그가 집으로 돌아와 이 내용을 읊었을 때, 그의 아버지는 전혀 신경 쓰지 않았다. 무슨 일을 저질렀든지 좋은 아버지는 자기 자녀를 "자격이 없다"고 여기지 않는다. 선하신 하늘 아버지도 우리를 그렇게 여기지 않으신다. 이 아버지는 오히려 그에게 참된 정체성, 곧 사랑하는 아들임을 일깨워 주었다. 이 아들을 향한 자신의 생각과 마음을 깨닫기 바라면서 말이다. 이것은 우리와 하늘 아버지 사이에도 동일하게 적용된다. 우리는 "자격이 없다"는 생각을 내려놓고 십자가의 완성된 사역을 신뢰하며, 특히 치유받기 위해 아버지께 나아갈 때 그분이 우리를 어떻게 여기시는지에 스스로를 일치시켜야 한다. 그분은 우리를 자격이 없거나 합당하지 않은 존재로 보지 않으신다. 그분은 우리를 사랑하는 자녀로 보신다.

나는 신학, 특히 치유의 신학을 좋아하지만, 어떤 이들에게는 이것이 응답받는 것보다 더 많은 의문을 품게 만들 수도 있다. 우리 각 사람을 향한 아버지의 사랑과 온전한 용납, 수용의 마음을 이해하기만 한다면, 우리는 결코 의문조차 품지 않게 될 것이다. 신학을 공부할 때, 우리는 선하시고 사랑이 많으신 아버지의 눈으로 그것을 이해해야 한다. 그분 안에는 우리를 향한 나쁜 생각은 단 하나도 존재하지 않는다. 그러므로 그분의 마음이나 생각에 없는 것은 우리 마음에도 존재해서는 안 된다. 그분이 생각하지 않는 방식으로 우리 자신에 대해 생각하는 것은 결국 파괴적일 수밖에 없으며, 우리가 필요로 하는 그 기적들을 받지 못하게 방해할 뿐이다.

우리가 아버지의 형언할 수 없는 사랑을 받아들이고 다시 십자가에 초점을 맞출 때, 예수님을 중심에 두고 복음의 진리로 양육 받으며 주님을 기념하기 위한 성찬을 자주 행할 때, 복음의 핵심, 곧 그리스도와 그분이 치르신 대가에 우리 자신을 재조정하여 맞춰 나가게 될 것이다.

Chapter 9

복음과 일치됨

최고의 다림줄

이번 장에서는 내가 수년간 경험한 몇 가지 공통적인 질문과 생각의 과정을 다루려 한다. 이것들은 그리스도의 몸인 우리가 복음의 단순한 진리와 십자가에서 예수님이 완성하신 사역에서 멀어져 혼란스러워하고 있음을 보여 준다.

나는 순회 사역자로서 16년간 다양한 국가와 교단을 넘나드는 여정을 걸어오면서 가톨릭 교인들의 모임에서 복음주의 대형 교회에 이르기까지 수천 명의 소중한 영혼들에게 치유 사역을 행해 왔다. 이 사역은 언제나 나에게 정말 크고 놀라운 특권이다. 나는 교회들이 필요로 하는 지점을 충족시키기 위해 열심히 노력하되, 섬기는 마음으로 임한다. 여러 차례 방문한 교회들도 있는데, 치유로 나아가는 여정에 그들과 동행하려면 보통 인내와 은혜, 사랑, 그리고 상당한 끈기가 필요하다.

시간이 흐르면서 기본적인 것에서 상당히 복잡한 것까지 온갖 상황 가운데 치유에 관한 수백 가지 질문들을 받아왔다. 때로는 식사하며 시작된 대화가 몇 시간 동안 이어지기도 했고, 교회 지도층 간의 의견 교환이 늦은 밤까지 신학 토론으로 이어지며 매우 다양한 생각과 의견들을 다루기도 했다.

치유와 하나님의 뜻

사람들이 가장 많이 수렁에 빠뜨리는 문제 중 하나는 과연 치유가 하나님의 뜻인가이다. 특히 그들의 치유 신학이 옛 언약의 원칙, 개인적인 치유 경험(또는 치유 경험 없음), 또는 그들을 위한 하나님의 십자가 사랑과 공급에 대한 불완전한 이해에 기반을 두고 있을 때 그렇다. 나는 개인적으로 예수님을 나의 롤모델로 삼아 항상 그분께 초점을 맞추면서 그분의 뜻에 관한 질문들이 내게 문제가 되지 않도록 해왔다. 무엇이든 그분이 보여 주신 것이 항상 나의 다림줄, 곧 기준이 된다. 예수님은 누군가를 치유하는 것이 과연 하나님의 뜻인지 한 번도 의구심을 갖거나 망설이는 모습을 보이신 적이 없었다. 심지어 그 문제가 제기되었을 때에도 그분은 언제나 기꺼이 치유하심으로 그에 답하셨다. 매우 단순하고 간단했다. 치유받기 위해 그분께 나아오는 이들은 모두 치유받았으며, 예외는 한 명도 없었다.

하나님의 뜻에 관한 문제는 교회 안에서 많은 혼란의 원인이 되었으며, 나도 종종 이에 관한 질문을 받는 경우가 있다. "이것이 하나님의 뜻인가요?" "이것이 항상 하나님의 뜻인가요, 아니면 가끔 그러한가요?" "만약 치유가 하나님의 뜻이라면, 왜 저는 치유받지 못하는 건가요?" 이러한 질문은 그들이 어떠한 가르침을 접해 왔는지, 그리고 그들의 믿음이 하나님의 뜻과 주권을 강조하는 칼빈주의("하나님이 택하신 경우 치유받게 된다")와 하나님의 은혜, 인간의 자유 의지와 그에 따르는 개인적 책임, 그리고 그리스도의 십자가 죽음에서 흘러나오는 혜택으로서의 치유를 더 강조하는 알미니안주의 사이에서 어느 지점에 위치해 있는지에 따라 크게 달라질 수 있다. 나는 특히 치유와 신성한 건강을 누리는 것에 있어서 자유 의지와 개인의 책임을 굳게 믿는다.

참고 삼아 덧붙이자면 이런 이야기가 있다. 개신교 종교개혁은 스위스 취리히에서 울리히 츠빙글리(Huldrych Zwingli)라는 목사가 1519년에 개혁주의 교리의 초석이 된 가르침을 전하며 시작되었다. 그 뒤 1536년에 존 칼빈(John Calvin)의 《기독교 강요》(Institutes of the Christian Religion)가 출간되어 종교개혁 시대의 가장 영향력 있는 신학 이론 중 하나가 되었다.

나는 교회사와 수세기에 걸쳐 벌어진 교단 분리를 연구하는 것을 좋아하는데, 종교개혁 당시 일어난 분열은 말 그대로 지각변동이나 다름없었다. 다른 여러 이유가 있었지만 츠빙글리는 그중에서도 화체설, 즉 미사 중 성찬에 사용되는 빵과 포도주가 실제로 예수 그리스도의 몸과 피로 변화한다는 교리를 두고 가톨릭교회와 결별했다. 또한 그는 교회의 전통을 깨뜨리는 또 하나의 조치로 교회 안에 있는 금으로 만든 것들을 모두 끄집어내어 그것들을 녹여 판 돈으로 가난한 이들을 구제하는 데 사용하였다!

2015년에 스위스를 여행하던 중 취리히에 있는 종교개혁 발상지를 방문할 기회가 있었다. 울리히 츠빙글리가 설교했던 성당을 둘러보다가 관리인에게 강단에 올라가 봐도 되는지 물었다. 그는 내 요청을 거절했지만, 평소 일반인에게는 출입이 허락되지 않는 어떤 방에 들어갈 수 있는 특권을 허락해 주었다. 그곳은 츠빙글리와 그의 제자들이 라틴어 성경을 독일어로 번역하던 방으로, 츠빙글리가 직접 사용한 성찬용 잔과 성경이 여전히 그곳에 보관되어 있었다. 그곳에 들어가 보는 것만으로도 매우 깊고도 놀라운 경험이었다.

이러한 것들을 연구하는 것은 매우 흥미롭고 보람 있는 일이지만, 사람들이 품고 있는 수많은 질문을 해결하는 데 있어서는 이 주제들에 관한 신학적 논쟁에 빠져드는 것이 도움이 되지 않는다는 것을 깨닫는다. 이러한 질문들에 답해 줄 때 나의 마음은 절대로 논쟁하려는 것이 아니다. 다만 사람들을 진정한 답이며 해결책이신 분, 곧 예수님께로 더 가까이 이끌고, 아버지의 마음이 실제로 어떠한지 보여 주려는 것이다.

그렇다면 하나님은 정말 어떤 분이신가?

나는 하나님이 어떤 분이신지 알고 싶어 하지 않는 신자를 아직 만나 본 적이 없다. 어떤 의미에서 아버지께서는 눈에 띄는 곳에 숨어 계신다. 성경은 우리가 하나님이 어떤 분이신지 알고 싶다면, 예수님을 바라보기만 하면 된다고 매우 분명히 말씀한다. 몇 가지 예를 들어보겠다.

요한복음 14:9

나를 본 자는 아버지를 보았거늘…

히브리서 1:1~2a, 3a

옛적에 선지자들을 통하여 여러 부분과 여러 모양으로 우리 조상들에게 말씀하신 하나님이 이 모든 날 마지막에는 아들을 통하여 우리에게 말씀하셨으니… 이는 하나님의 영광의 광채시요 그 본체의 형상이시라…

골로새서 1:15a

그는 보이지 아니하는 하나님의 형상이시요…

고린도후서 4:6

어두운 데에 빛이 비치라 말씀하셨던 그 하나님께서 예수 그리스도의

얼굴에 있는 하나님의 영광을 아는 빛을 우리 마음에 비추셨느니라

그러므로 우리가 치유에 관한 하나님의 뜻을 알고자 한다면, 예수님이 어떻게 하셨는지 살펴보기만 하면 된다.

마태복음 8장 2~3절에서 어떤 나병 환자가 치유를 구하며 예수님께 나아온다. 이 이야기는 오늘날 많은 혼란을 야기하는 바로 이 문제가 예수님이 이 땅을 걸으셨던 때에도 마찬가지로 의심의 원인이었음을 보여 준다. 이 사람은 예수님께 자신을 치유해 주실 능력이 있다는 것을 알고 있었지만, 한 가지 문제가 있었다. 그것은 바로 자신을 고쳐 주시는 것이 그분의 뜻인가 하는 것이었다.

그는 다음과 같이 말한다. "주여 원하시면 저를 깨끗하게 하실 수 있나이다." 예수님은 주저하지 않고 응답하신다. 우선 "내가 원하노니"라고 말씀하시며 그를 치유해 주실 뜻이 있는지에 대한 그의 혼란부터 해소해 주신다. 그런 다음 "깨끗함을 받으라"고 하시며 그를 고쳐 주신다.

예수님은 이 사람을 치유하는 것이 그분의 뜻이라는 사실을 그에게 확실히 일러 주고 싶으셨다. 하나님은 그분의 소중한 보혈로 사신 자녀들인 우리를 고쳐 주시는 것이 그분의 뜻이라는 것을 우리에게 알려 주고 싶어 하신다.

앞서 우리는 마태복음 17장 15~17절에서 심한 간질 증상을 보이는 소년의 치유 이야기를 살펴보았다. 이 이야기는 우리의 실망과 낙심에 대해 이야기 나누고자 따로 예수님께 나아간다는 맥락에서 다

뤄지기도 하지만, 또 다른 중요한 점을 시사한다. 이 소년을 치유하는 것이 제자들에게 어려운 일이기는 했지만, 그것은 결코 하나님의 뜻인지 아닌지의 문제가 아니었다. 이 아이를 예수님께 데려오자, 그분은 조금도 주저하지 않고 그를 치유하고 축사해 주셨다.

진정으로 예수님을 알게 될 때, 결코 아무도 외면하지 않고 아버지의 뜻에 대해 조금도 의심하지 않고 나아오는 자들을 모두 치유해 주신 아버지를 완벽하게 나타내시는 분이기에 우리 안의 질문은 사라지게 되어 있다. 그럼에도 불구하고 우리는 여전히 하나님의 뜻이라는 이러한 문제와 씨름하고 있다. 어쩌면 이것은 우리가 치유 능력으로 행하지 못하는 것을 정당화하기 위해 만들어낸 핑계나 변명을 다시 보여 주는 것일 수도 있다. 우리의 빈약한 경험을 바탕으로 치유 신학을 구축하고 하나님의 말씀을 그것에 맞춰 끌어 내리고 있는 것이다. 우리는 우리의 경험을 말씀과 일치시켜야 한다!

종교는 능력 없음에
대한 핑계와
변명거리를 찾지만,
하나님 나라는
능력의 분명한
나타남을 요구한다.

누군가를 위해 기도하면서 "주님, 만일 주님의 뜻이라면…" 하고 말하는 소리를 들으면, 치유가 나타나지 않을 경우를 대비해 스스로 탈출구를 마련하는 것처럼 보인다. 어쩌면 그게 그들이 기대하고 있는 것일지도 모르겠다. 그러면 치유가 나타나지 않을 경우, 그들은 안전하게 다음과 같이 말할 수 있다. "음, 그것이 당신을 향한 하나님의 뜻이 아니었나 봅니다." 우리가 아버지의 마음을 제대로 이해하지 못하는 경우에만 이런 식으로 기도하게 되는 것이다!

이것은 또 하나의 공통적인 질문으로 이어진다. "나를 치유하는 것이 하나님의 뜻이라면, 어째서 나는 치유되지 않는 건가요?" 많은 이들이 이처럼 명백한 모순을 해결하지 못해 큰 상처와 혼란을 겪기도 한다. 이 질문에 대한 답은 십자가에서 찾을 수 있다. 우리의 죄와 질병에 대한 대가는 십자가에서 이미 치러졌거나 그렇지 않거나 둘 중 하나이다.

달리 말하면, 하나님이 이미 십자가에서 모든 죄와 병에 대한 대가가 완전히, 최종적으로, 단번에, 모든 인류를 위해 치러졌다고 하신다면, 어째서 오늘날 하늘에 앉아 누구를 치유하고 치유하지 않을지 계속 결정하고 계시겠는가? 예수님이 모든 치유에 필요한 일들을 다 이루셨다면, 심지어 십자가에서 그 대가를 치르시기 전에 자신의 사역을 통해 치유하는 것이 하나님의 뜻임을 증명하셨다면, 이것은 말이 되지 않는다.

나는 우리의 치유와 구원이 하늘에서 이미 확정된 일이라고 굳게 믿는다. 베드로후서 3장 9절에 따르면, 하나님은 아무도 멸망하는 것을 원하지 않으신다.

베드로후서 3:9

주의 약속은 어떤 이들이 더디다고 생각하는 것같이 더딘 것이 아니라 오직 주께서는 너희를 대하여 오래 참으사 아무도 멸망하지 아니하고 다 회개하기에 이르기를 원하시느니라 물론 현실에서는 사람들이 줄곧 멸망하고 있지만, 그렇다고 우리를 향한 하나님의 마음이 바뀌는 것은 아니다. 그분은 어느 누구도 멸망하는 것을 원치 않으신다. 우리의 건강과 치유도 마찬가지이다. 이미 십자가에서 모든 대가가 온전히 치러졌기 때문이다.

예수 그리스도의 인격 가운데 분명하게 드러난 아버지의 마음을 발견하면, 우리는 예수님이 그 누구도 자신의 뜻에 대한 의구심을 품은 채 돌려보내지 않으셨음을 깨닫게 된다. 그분은 언제나 명확하게 설명하시고 격려하시며 치유를 가져오셨다!

이제 우리의 때인가?

오늘이 바로 구원의 날이다(고후 6:2). 물론 우리가 기도하는 많은 일들에 하나님이 정하신 때가 있다는 점에는 나도 전적으로 동의한다. 또한 사람들은 어떤 일의 시기가 하나님의 계획이나 뜻과 일치하기를 간절히 기도한다. 이 자체는 좋은 일이지만, 응답되지 않은 치유 기도에 하나님의 때(또는 시기)라는 원리를 적용하는 것에는 주의를 기울여야 한다. 치유가 이루어지는 정해진 때가 있다고 결론 내리고 우리가 받아야 할 응답을 알 수 없는 미래로 미뤄버릴 수도 있는 것이다. 심지어 이렇게 하는 것이 하나님이 최고의 영광을 받으시는 방법이라고 믿을 수도 있다. 앞서 말했듯이 우리가 이렇게 잘못 생각하는 이유는 하나님이 우리의 안녕을 돌보시는 것보다 다른 누군가에게 유익이 될 간증을 얻기 위해 우리를 이용하는 데 더 관심이 있다고 착각하기 때문이 아닌가 싶다.

고린도후서 6:2

보라 지금은 은혜 받을 만한 때요 보라 지금은 구원의 날이로다

우리는 하나님을 "과거의 하나님"이나 "미래의 하나님"으로 밀어붙이면서 그분이 "지금 이 순간의 하나님"도 되신다는 것을 이해하지 못하는 경우가 너무나도 많다.

다시 우리의 롤모델이신 예수님께로 돌아가 보자. 그분이 십자가에서 치르신 대가는 우리의 모든 죄와 질병을 위해 단번에 영원히 이루어진 것이었다(히 10:10). 단 한 번에 영원히 모든 것을 위한 최종적인 지불이었기에 결코 반복될 필요가 없었다. 복음서를 읽어 보면, 예수님은 하나님이 그들을 치유하실 때가 아니라는 이유로 누군가를 돌려보내신 적이 단 한 번도 없었다. 그분은 항상 하늘의 때나 시기가 바로 지금, 곧 어떤 사람이 필요를 가지고 찾아온 바로 그 순간임을 보여 주셨다. 누가복음 17장 11~19절에서는 심지어 예수님이 열 명의 나병환자들을 고쳐 주시지도 않고 보내며 가서 제사장들에게 몸을 보이라고 말씀하시는 것처럼 보이는데, 이것은 믿음의 발걸음이 요구된 것이지, 그들의 치유를 미래로 미루신 것이 아니었다. 사실 그들은 가는 길에 모두 치유받았다. 물론 그중 오직 한 명만 돌아와서 감사하며 하나님께 영광을 돌림으로써 온전함을 받았다.

치유를 가져올 수 없는 것에 대한 무력함을 정당화하기 위해 핑계나 변명을 찾기 시작한다면, "하나님의 때가 있겠지" 혹은 "하나님을 기다리기만 하면 돼" 같은 종교적인 말들을 내뱉게 될 수도 있다. 마치 우리가 인내하기만 하면, 하나님이 정해 두신 특별한 때가 올 것처럼 말이다. 하지만 사실 십자가가 기적을 위한 하나님의 때였다.

우리의 롤모델이신 예수님의 삶을 살펴보면, 그분은 오직 아버지께 영광을 돌리는 답이나 해결책을 풀어놓는 일에만 관심을 두셨다. 그분은 때나 시기의 문제로 그 누구도 거절하지 않으셨다. 따라서 치유에 대한 우리의 생각에도 그런 요소가 포함되어서는 안 된다.

나는 아직 하나님이 우리에게 기적을 베푸시기를 기다리는 것에 대한 성경적 근거를 찾지 못했다. 사실 예수님은 갈릴리 가나에서 열린 혼인 잔치 때에 유일하게 때와 시기에 대해 언급하셨다. 포도주가 떨어지자 어머니 마리아가 도움을 요청하셨는데(요 2:1~10), 이에 (기적을 행하는 자로서) 자신의 때가 아직 이르지 않았다고 말씀하신 것이다. 그럼에도 주님은 물로 포도주를 만들어 주셨다. 예수님은 "지금"의 하나님이시며 그분의 때도 바로 "지금"이다. 종교가 우리에게 무력감을 주입하며 "하나님께 최고의 영광을 돌릴" 미래의 정해진 때가 있다고 말하도록 허락하지 말라. 그렇게 함으로써 우리가 지금 당장 받아 누릴 수 있는 것을 내일로 미루지 말라.

어느 날 한 유명한 목사님과 점심을 함께 하고 있었다. 우리는 무엇이 하나님의 영광과 그분의 때를 가져오는지 이야기 나누게 되었는데, 그는 어떤 관점으로 읽느냐에 따라 다소 논쟁거리가 될 수 있는 성경 구절을 강조했다.

> 요한복음 9:1~3
>
> 예수께서 길을 가실 때에 날 때부터 맹인 된 사람을 보신지라 제자들이 물어 이르되 랍비여 이 사람이 맹인으로 난 것이 누구의 죄로 인함이니이까 자기니이까 그의 부모니이까 예수께서 대답하시되 이 사람이나 그 부모의 죄로 인한 것이 아니라 그에게서 하나님이 하시는 일을 나타내고자 하심이라

그는 이 구절을 하나님의 영광이라는 맥락에서 언급하며, 하나님이 질병을 허락하시는 것은 그것을 통해 영광을 받으시기 때문이라고 주장했다. 많은 이들과 마찬가지로 하나님이 정해진 때에 이 사람을 고치심으로써 가장 큰 영광을 받으시려고 어쩌면 이 사람을 보지 못하게 만드셨을지도 모른다고 믿고 있었다.

하지만 나는 여기서 분명히 말하고 싶다. 하나님은 우리의 질병을 통해 영광받으시거나 자신을 드러내시는 분이 아니다. 나에게는 하나님이 우리를 고쳐 주심으로써 영광을 받으시려고 병들게 하신다는 생각 자체가 끔찍하게 들린다. 물론 기적적인 치유를 통해 그분이 영광받으신다는 것은 분명하다. 이것은 그분이 타락한 이 세상에 그분의 능력뿐만 아니라, 사랑과 선하심을 보이심으로써 개입하시기 때문이다. 우리는 죄가 초래한 끔찍한 일들에 대해 하나님을 탓해서는 안 된다. 또한 이러한 신념 체계는 천국을 스스로 분쟁하게 만드

는 것인데, 마태복음 12장 25절에서 말씀하시는 바와 같이 그런 나라는 설 수 없기에 결코 하나님 나라에는 해당되지 않는다.

결국 우리는 기적이 나타나지 않는 상황에도 하나님을 탓하거나 비난하지 않고, 계속해서 그분의 선하심을 선포하며, 그분이 선한 아버지이심을 온전히 확신할 때 하나님께 영광을 돌리게 된다는 것에 동의했다. 물론 기적적인 치유를 받는 경우처럼 하나님의 역사가 드러날 때 그분이 영광을 받으신다는 데에는 우리 모두 동의했다. 하지만 하나님이 우리에게 질병을 보내신다거나 가장 큰 영광을 받으시기 위해 우리의 치유를 막고 계신다고 말하는 것이 하나님께 영광이 되지 않는다는 내 의견에 그 목사님이 동의했는지는 잘 모르겠다. 나는 이와 같은 사고방식은 복음의 좋은 소식이 아니라고 여전히 확신한다.

죄와 질병

요한복음 9장 1~3절에 나오는 예수님의 말씀은 우리가 가진 또 다른 질문을 다룬다. 그것은 바로 "죄가 우리에게 병을 가져오는가?" 이다. 그렇다. 죄는 우리에게 질병을 초래할 수 있으며, 실제로 그렇게 한다. 건강을 포함하여 죄에 닿는 모든 것이 파괴되지만, 치유받기 전에 반드시 우리의 죄를 해결해야 한다는 잘못된 가르침과 혼동해서는 안 된다. 또한 우리의 삶이나 심지어는 가계에 우리가 고백하지 않거나 혹은 미처 알지 못한 죄가 있기 때문에 병든 것이라고 생각해서도 안 된다.

이 구절에서 제자들은 누군가의 죄 때문에 그 사람이 태어날 때부터 보지 못하게 되었다고 추측하면서 그것이 누구의 죄인지 알고 싶어 했다. 보지 못하는 사람의 죄인가, 아니면 그 부모의 죄인지 말이다. 예수님의 대답은 둘 다 아니었다. 그분에게 누구의 탓인지는 중요하지 않은 것처럼 보였다. 사실 복음서 어디에도 어떤 사람의 죄가 예수님이 그들을 치유하시는 데 방해가 된 상황은 나타나지 않는다. 예수님은 죄악이나 질병, 혹은 귀신 들림 등 어떠한 상황에 마주하든지 결코 당황하지 않으셨다. 그분과 함께하는 능력은 인간의 어떤 문제보다도 크셨고 이것은 오늘날에도 마찬가지이다.

개인적으로 누군가 치유받지 못하는 이유를 그 사람의 죄 탓으로 돌리는 것에 큰 반감을 느낀다. 소위 말하는 가계의 죄도 마찬가지이다. 우리 가족이 딸아이에게 절실히 필요한 기적을 보지 못하는 것은 틀림없이 우리 자신이나 가계 어딘가에 "숨겨진 죄"가 있기 때문이라고 말하는 사람들을 여러 차례 만났다. 이러한 주장이 성경적이라고 하면서 그 근거로 구약의 성경 구절을 인용하는 사람들도 있었다. 나의 대답은 언제나 동일했다. "글쎄요, 그것은 복음이 아닙니다. 저는 예수님이 그렇게 말씀하시는 모습을 본 적이 없어요. 그리고 저에게는 예수님만이 유일한 롤모델이십니다." 그것은 기껏해야 자신들의 무력함에 대한 핑계를 찾은 것에 불과하다. (이 주제에 관해서는 나의 책 《정체성 깨닫기》 개정판에서 더 자세히 설명하였다.)

이것을 내가 믿는 자들의 삶에서 죄는 별로 중요한 문제가 아니라고 생각하는 것으로 오해하는 사람이 없기를 바란다. 그것은 진리와는 너무 거리가 먼 말이다. 하지만 복음서 어디에서도 예수님이 사람들을 치유하시기 전에 먼저 스스로 정결케 하라고 요구하신 곳을 찾아볼 수 없다. 또한 그분은 결코 그것을 그들의 질병의 원인으로 지목하지 않으셨다. 단지 그들을 치유해 주셨을 뿐이다. 우리의 삶에서 왕이신 예수님보다 더 큰 문제는 없다!

가계의 저주가 있는가?

"가계의 저주"라는 용어나 그것에 대해 가르치는 신학은 비교적 새로운 개념으로, 교회에 본격적으로 소개된 것은 1980년대이다. 개인적으로는 이러한 가르침에 반대하면서 지난 수년간 꽤 흥미로운 토론들을 벌이게 되었고, 때로는 그로 인해 관계를 잃는 경우도 있었다. 이것은 나를 매우 슬프게 했다. 만일 우리가 성숙한 그리스도인이라면, 단순히 의견이 다르다는 이유로 누군가를 배척해서는 안 된다. 나는 먼저 스스로 연구하고 학습한 뒤, 나의 개인적인 견해가 사람들에게도 가치 있는 것이기를 바라며 그것을 나누는 법을 배웠다. 또 나는 그들이 결국 나와는 다른 믿음을 선택하더라도 다른 생각을 가진 이들을 존중하기만 한다면 신경 쓰지 않는다.

"저주"라는 말의 정의 자체가 상당히 광범위해졌고, 서구 문화권에서는 상당히 막연하게 느슨하게 사용되고 있다. 오늘날 교회에서 저주라고 부르는 것들 대부분은 실제 성경적 의미와는 일치하지 않는다. 예를 들어, 우리는 "가계의 저주"라는 말을 "익숙한 영"(familiar spirits, 삼상28:7의 신접한 여인이 가진 영_편집자 주)이나 심지어 가족으로부터 배운 행동양식의 동의어로 사용하거나 누군가에게 욕설을 퍼붓는 것이 저주하는 것과 같다고 생각할 수도 있다.

성경에는 "저주를 끊는다"는 표현이나 가계의 저주가 파쇄될 수 있음을 암시하는 유사한 용어가 전혀 나타나지 않는다. 또한 성경 어디에도 누가 어떤 방법으로 가계의 저주를 끊었다거나 저주를 끊으려 시도한 사례가 단 한 건도 없다. 신약 성경 어디에도 예수님이나 사도들, 그 외 누구도 저주를 끊어야 할 필요성을 가르치거나 보여 준 적이 없다.

오히려 그 반대이다. 신약 교회에서는 믿는 자들이 축복받는 모습이 반복적으로 나타나며 어떤 식으로든 우리가 저주받았음을 암시하는 내용은 하나도 없다. 저주에 관한 가르침은 믿는 자들이 두려워해서는 안 되는 것들에 대한 병적인 공포만 조장하여 그리스도 십자가의 온전하고 완벽한 승리에 대한 우리의 이해를 훼손할 뿐이다.

예수님의 희생과 저주를 연결하는 유일한 구절인 갈라디아서 3장 13절을 살펴보면, 저주를 끊는다는 내용은 전혀 언급되어 있지 않다. 이 구절은 출애굽기에서 하나님이 선포하신 (모세의) 율법의 저주에 대하여 구체적으로 말하고 있다. 오히려 이것은 그리스도께서 우리를 위해 저주가 되셨기에, 우리가 율법의 이러한 저주에서 구속받았음을 매우 분명하게 선언하고 있다. 우리 믿는 자들은 이러한 저주에서 자유롭게 해방되었다.

사람들이 가계의 저주가 실재한다고 말할 때, 나는 그들에게 그러한 신학의 성경적 근거를 묻는다. 그러면 그들은 곧바로 아비들의 죄가 삼사 대에 이르도록 기억될 것이라는 세 번째 계명(출 20:1~6, 신 5:9)을 언급한다. 그러나 이 계명은 여기서 끝나지 않는다! 우리가 가계의 저주 아래 있을 수 있다는 사실을 "증명"하기 위해 이 구절을 인용한 사람들 가운데 바로 다음에 이어지는 "나를 미워하는 자에게…" 이하의 내용을 설명해 줄 수 있는 사람을 찾기 어려웠다. 이것이 가장 중요한 부분인데도 말이다! 이 저주들은 하나님을 미워하는 자들에게 적용된다.

그렇다면 성경은 하나님을 미워하는 자들을 어떻게 정의할까? 출애굽기의 전체 구절을 살펴보며 맥락을 이해해 보자.

출애굽기 20:4~5

너를 위하여 새긴 우상을 만들지 말고 또 위로 하늘에 있는 것이나 아래로 땅에 있는 것이나 땅 아래 물속에 있는 것의 어떤 형상도 만들지 말며 그것들에게 절하지 말며 그것들을 섬기지 말라 나 네 하나님 여호와는 질투하는 하나님인즉 나를 미워하는 자의 죄를 갚되 아버지로부터 아들에게로 삼사 대까지 이르게 하거니와 여기서 하나님이 말씀하시는 아버지(조상)의 죄(또는 불의)는 무엇일까? 4절을 통해 하나님이 우상숭배를 말씀하고 계심이 분명히 드러난다. 소위 가계의 저주는 다른 어떤 죄와도 연결되지 않는다. 나는 이 구절이 모세의 율법 아래 살아가면서 하나님을 등지고 우상숭배를 행한 유대인들에게만 적용된다고 생각한다. 그러므로 우리가 이 구절을 적절한 맥락에서 읽어 보면, 하나님을 미워하여 저주 아래 들어간 자들에 대한 참된 정의를 알게 된다.

계속해서 다음 구절을 읽어 보면, 다음의 내용을 발견하게 된다.

출애굽기 20:6

나를 사랑하고 내 계명을 지키는 자에게는 천 대까지 은혜를 베푸느니라

어쩌면 당신은 이렇게 생각할지도 모르겠다. '하나님을 미워하는 자들에게는 저주가, 그분을 사랑하는 자들에게는 복이 임한다면, 살면서 내가 실수하면 어떻게 되는 거지? 내가 착하고 좋은 사람이면 복을 받고, 나쁜 사람이면 저주를 받는 건가?' 전혀 그렇지 않다. 이것들은 구약에 속한 구절들이다. 하지만 우리가 그리스도 안에 있다면 더 이상 옛 언약 아래 있는 것이 아니다. 우리는 예수님의 순종으로 인해 하나님의 복과 치유가 대가 없이 임하는 새 언약 아래에 있다. 사실 우리가 새 언약에서 받게 되는 것은 다음과 같다.

히브리서 8:12

내가 그들의 불의를 긍휼히 여기고 그들의 죄를 다시 기억하지 아니하리라 하셨느니라

생각해 보라. 하나님이 나의 불법한 행위들을 기억하지 않으신다면, 어째서 내 이전 세대들이 저지른 (나와 아무런 상관도 없고 심지어 내가 저지르지도 않은) 죄들을 여전히 기록해 두시고 계속해서 내게 책임을 물으시겠는가? 이것은 복음의 기쁜 소식과 일치하지 않는다. 하지만 우리는 이것을 둘러싼 신학을 만들어내어 사람들이 스스로를 (과도하게) 검열하고 성찰하는 일에 몰두하게 만들었다. 그로 인해 왕이신 예수님께 시선을 굳게 고정하고 십자가의 완성된 사역을 신뢰하기보다는 자기 내면이나 가계에 무슨 죄가 숨어 있는지 발견하기 위해 더 많은 시간을 쏟아 붓게 되었다.

이미 여러 번 지적했듯이 예수님은 우리 사역의 롤모델이시다. 그분의 사역을 살펴보면, 어떤 사람의 죄나 이전 세대의 죄 때문에 그들을 치유하지 않으신 사례는 단 한 건도 찾아볼 수 없다. 사실 우리는 앞서 요한복음 9장 1~3절을 살펴보면서 정반대의 모습을 목격했다. 예수님은 태어날 때부터 앞을 보지 못하는 사람을 고쳐 주셨고, 그의 상황을 그 사람이나 그 부모의 죄 탓으로 돌리는 것을 단호하게 거부하셨다.

하나님은 우리를 심판하시는가?

옛 언약 아래에서도 하나님은 아버지의 죄로 자녀를 벌하는 것이 그분의 뜻이 아님을 분명히 하셨다. 에스겔 18장 1~3절과 14~17절에서 이것을 확인할 수 있다. 내가 사용하는 NKJV 성경에는 번역자들이 이 이야기 앞에 "잘못된 속담이 반박되다"라는 부제를 붙여 놓기까지 했다.

> 에스겔 18:1~3
>
> 또 여호와의 말씀이 내게 임하여 이르시되 너희가 이스라엘 땅에 관한 속담에 이르기를 아버지가 신 포도를 먹었으므로 그의 아들의 이가 시다고 함은 어찌됨이냐 주 여호와의 말씀이니라 내가 나의 삶을 두고 맹세하노니 너희가 이스라엘 가운데에서 다시는 이 속담을 쓰지 못하게 되리라

이 속담은 당시 이스라엘에 널리 퍼져 있던 믿음을 표현한 것으로, 아버지가 잘못을 저지르면("신 포도를 먹었으므로") 자녀들의 미래와 생계가 위태로워진다는("그의 아들의 이가 시다고 함은") 것이었다. 하나님은 그들이 더 이상 이 속담을 사용하지 못하도록 금하셨다.

마태복음 27장 48절은 예수님이 십자가에서 죽으실 때 우리를 위해 죄의 신 포도주를 마셨다고 말씀한다. 그러므로 이제 새 언약 아래에서는 우리의 이가 시릴 필요가 없어졌다. 그분이 우리의 죄와

질병을 친히 짊어지시고 우리를 위한 저주가 되셨기에(갈 3:13), 우리는 더 이상 죄의 결과를 겪을 필요가 없다. 다시는 저주를 받지 않게 된 것이다. 새 포도주가 우리의 것이 되었다! 이것이 바로 복음의 놀라운 메시지의 능력이며, 그리스도 안에 있음으로 우리에게 주어진 생명이다.

물론 우리가 익숙한 영들의 영향을 받을 수 있고, 가계로부터 배운 행동양식을 이어받을 수 있다는 점에는 동의한다. 하지만 이것은 하나님이 가계를 통해 우리를 저주하시고 알 수 없는 가족의 죄에 대해 책망하신다는 주장과는 완전히 다른 이야기이다.

이제 그리스도의 몸 된 교회가 치유 능력이 없는 것에 대해 변명하는 것을 멈추고, 복음의 기쁜 소식을 전파하며, 예수님이 대가를 치르신 모든 것을 받을 때이다! 우리는 하나님의 새 언약의 백성으로서 이중적인 삶을 살아가지 않는다. 우리에게는 옛것과 새것, 축복과 저주, 의로운 것과 악한 것, 선과 악이 공존하지 않는다. 우리는 마치 양의 옷을 입은 늑대처럼 죄악을 숨기기 위해 꾸미는 존재가 아니다.

예수님이 우리의
신 포도주를 마셔
주심으로 우리는
새 포도주를 누릴 수
있게 되었다.

우리는 이중적으로 살아가지 않는 온전한 존재이다. 그리스도 안에서 모든 것이 새로워진 새 피조물이다(고후 5:17). 이것이 바로 복음의 기쁜 소식이다.

십자가는 임시적인 가석방이 아니라 완전한 자유를 값을 주고 사셨다. 선한 행위로 우리가 받아야 할 형벌을 면할 수 있는지 살펴보기 위해 시험해 보는 기간은 없다. 우리의 죄는 이미 지워졌고, 증거는 파기되었으며, 기록은 삭제되었다. 그분은 우리를 깨끗이 씻어 새롭게 만드셨다. 예수님이 십자가에서 모든 심판을 친히 담당하셨기에, 하나님은 더 이상 우리를 심판하지 않으신다. 또한 그분은 결코 우리의 가석방 담당관도 아니시다! 그분은 우리의 구원자요 주님이시며, 그분의 진리로 우리를 참으로 자유롭게 하시는 분이다.

한 가지 묻겠다. 만약 하나님이 우리의 죄를 묻지 않으신다면, 어찌하여 조상, 곧 아버지들의 죄를 우리에게 물으시겠는가? 그것은 마치 "예수님의 피가 나를 모든 죄에서 깨끗하게 하셨지만, 내가 태어나기 30년 전에 할아버지가 지은 죄만은 예외이다"라고 말하는 것과 같다. 예수님의 피로 우리를 정결케 하기에는 충분하지 않았다는 말 아닌가? 개인적으로는 우리가 하나님의 말씀과 새 언약 외의 어떤 것에도 주의를 기울여서는 안 된다고 믿는다. 예수님이 가계의 저주에 대해 신경 쓰지 않으셨다면, 우리도 그래서는 안 된다.

치유를 보지 못하는 것과 "왜"라는 수많은 의문에서 시선을 돌려 우리 자신을 복음과 일치시키자. 그리고 하나님의 본성을 알고 우리를 향한 그분의 마음을 이해하며 십자가에서 대가를 치른 모든 것을 신뢰하는 데 집중하자. 그러면 믿음의 기도가 드려질 때, 과거, 곧 십자가의 영광스러운 대가를 지금 이 순간으로 끌어올 수 있는 만큼 성장하게 될 것이다.

십자가는 임시적인 가석방이 아니라 완전한 자유를 값을 주고 사셨다.

하나님이 우리에게 아무것도 묻지 않으신다는 것을 알고 우리 자신을 복음과 일치시킬 때, 우리는 참된 자유 가운데 행하기 시작한다. 이러한 자유는 우리가 완전히 용서받았을 뿐만 아니라 그리스도 안에서 새로운 피조물이 되었다는 것을 아는 것에서 비롯된다(고후 5:17). 우리는 복음의 기쁜 소식, 즉 구원이 진정으로 의미하는 것은 무엇인지 전하는 데 실패한 것일까? 우리가 거듭날 때, 우리의 죄는 과거, 현재, 미래를 막론하고 완전히 용서받게 된다. 우리 중에는 미래의 죄가 이미 용서받았다고 생각하기가 어려운 이들도 있다는 것을 안다. 하지만 예수님이 돌아가셨을 때, 우리의 모든 죄는 미래에 일어날 일들이었다! 그 놀라운 순간에 우리의 모든 죄 하나하나에 대한 대가가 이미 치러진 것이다.

죄는 단순히 규칙을 위반하거나 나쁜 행동을 하는 것을 훨씬 넘어서는 치명적인 문제이다. 그 자체가 우리를 궁극적으로 파괴하고 죽이는 끔찍한 질병이다. 죄로부터 있는 힘껏 멀리 달아나야 할 이유는 충분하지만, 더 많이 용서받기 위해서는 아니다. 우리는 이미 온전히 용서받았기 때문이다.

하지만 우리가 온전히 용서받았다는 사실을 알지 못하면, 하나님이 우리를 책망하실 여지를 남겨두고 계신다고 여기게 될 수 있다. 우리는 죄에서 벗어나기 위해 자기 자신이나 다른 사람들을 벌하려 애쓸 것이다. 나는 우리가 어떻게 벌을 받아 순결해질 수 있는지 이해가 되지 않는다! 그것은 복음이 아니다. 우리가 가르치는 복음이 "주님을 경외함"이 아니라 "처벌에 대한 두려움"에 대한 것이라면, 즉 그분의 위엄과 영광, 그리고 아름다움을 알고 그분에 대한 경외감에 사로잡히는 것이 아니라면, 아마도 우리는 하나님이 예수님과 정확히 같은 분이심을 잊어버린 것이다. 만약 당신이 예수님의 생명 안에서 이 사실을 보지 못하더라도, 처벌에 대한 두려움이 하나님으로부터 기인했다고 단정 짓지 말라.

우리는 법정에서 재판관의 판결을 기다리고 있는 것이 아니다. 판결은 이미 무죄로 선고되었다. 우리는 의롭다 함을 받았고, 용서받았으며, 축복받았고, 치유받았다. 조건 없는 사랑과 용납을 받았고, 완전히 새로운 피조물로서 하나님의 가족으로 입양되어 그리스도와 함께 공동 상속자가 되었다. 하나님이 우리에게 아무런 죄책도 묻지 않으신다는 것을 우리는 알게 되었다.

온전히 용서받았음을 깨닫기 시작할 때, 우리는 법정에 갇혀 있던 것에서 치유의 집으로 옮겨져 살아가게 된다. 바로 이곳에서 회복과 자유, 치유, 그리고 구원의 기쁨이 자유롭게 흘러나오게 된다.

이제는 우리가 복음과 완전히 일치되어 죄 사함을 받아 자유롭게 그리스도를 위해 능력 있고 담대하게 살아가야 할 때이다.

Chapter 10

믿는가 믿음을 만들어내는가?

"믿기만 하라"는 말의 의미

수십 년간의 교회 생활을 돌아보니, 우리가 배우는 내용의 상당 부분이 무엇을 해야만 하는가에 집중되어 있다는 사실에 놀랍게 여겨졌다. 오늘 아침에는 우연히 인터넷으로 어느 교회의 팟캐스트를 듣게 되었는데, 하나님의 축복을 받으려면 우리의 순종이 요구된다는 내용이 첫 번째로 들려왔다.

이미 아는 바와 같이 나는 절대로 순종에 대해 반대하지 않는다. 순종은 예수님과 동행하는 데 필수적이다. 하지만 주님의 축복을 받기 전에 반드시 순종해야 한다고 말하는 것은 우리의 순종을 축복을 얻어내기 위한 행위에 기초한 수단으로 전락시키는 것이다. 나는 이러한 생각에 단호하게 반대한다! 내가 쓴 책들에서 여러 번 말했듯이 "나는 축복받기 위해 순종하는 것이 아니라, 축복받았기에 순종하는 것"이다. 우리의 하늘 아버지께서는 산타클로스처럼 착한 아이와 말썽꾸러기들의 명단을 관리하며, 우리 이름이 어디에 있느냐에 따라 축복을 주시거나 거두시는 분이 아니다. 결코 그런 분이 아니다.

수년간 관찰한 바에 의하면, 교회의 가르침이 그리스도 중심보다 인간 중심으로 변질된 경우가 많았다. 우리 중 많은 이들이 자신도 모르는 사이 어느덧 행위 중심의 기독교로 변질되어 복음의 중심에 자기 자신을 놓는다. 그러면서 왜 기도가 응답되지 않는지 궁금하게 여긴다. 성경 읽기, 교회 출석, 기도, 금식 등 우리가 할 수 있는 것들이 너무나 많다. 개인적으로는 대다수의 금식이 단식 투쟁에 가깝다고 확신한다. 금식하면서 하나님의 관심을 끌고, 동시에 기적에 합당한 대가를 지불하고 있다고 생각하기에, 이제 응답받을 자격이 있다고 여기는 것이다.

이렇게 함으로써 복음의 중심에서 다시 우리는 물러서게 된다. 마치 뱀 사다리 게임[1](snakes and ladders) 판 위에서 올라가려고 애쓰는 것처럼, 많은 영역에서 행위 중심적이 되어 버린다. 그러다가 실수하면 다시 원점으로 돌아가게 되는 것이다.

수년간 나를 고민하게 만든 한 가지 영역은 믿음에 관한 것이다. 우리는 거의 매주 강대상에서 이런 말을 듣는다. "교회여, 그냥 믿기만 하라!" 내 질문은 이렇다. "도대체 무엇을 그냥 믿기만 하라는 것인

1) 영국의 보드 게임 종류. 주사위를 굴려 숫자만큼 상향 이동한다. 이동 중 사다리(행운)을 만나느냐, 뱀(불운)을 만나느냐에 따라 이동의 향방이 정해지며, 상위 칸의 끝까지 도달하면 이기는 게임

가?"

내가 자주 말하는 바와 같이, 믿는다는 것 자체가 단순한 행위나 고된 노력, 수고의 개념으로 전락할 수 있다. 우리가 필요로 하는 기적을 믿어 보려고 노력하고 애쓰는 것이다. 그렇다면 이것이 진정한 믿음일까, 아니면 보드 게임판 위에서 올라가려고 애쓰는 것과 같은 일종의 정신적 동의에 불과한 것일까? 암이 사라졌다고 "그저 믿기만 하라", 팔이 다시 자라날 것을 "그냥 믿기만 하라"는 식으로 말이다. 믿음에는 정말로 엄청나게 강력한 힘이 있다. 그러므로 이것에 대해 자세히 설명해 보겠다.

수년간 수많은 기도 모임에서 예수님이 요한복음 11장 40절에서 "내 말이 네가 믿으면 하나님의 영광을 보리라 하지 아니하였느냐"라고 하신 말씀을 인용하며 참석자들에게 "그냥 믿으라"고 권면하는 모습을 보아 왔다. 하지만 이 구절을 조금 더 자세히 분석하여 적절한 문맥에서 읽어 보면, 예수님이 더 열심히 믿으면 기적이 일어날 것이라고 말씀하시는 것이 아님을 알 수 있다.

예수님의 친구 중 한 명인 나사로의 죽음으로, 그가 무덤에 안치되고 커다란 돌로 그 입구가 막히기까지가 이 구절의 배경 이야기이다. 마을에 도착하신 예수님은 나사로의 누이인 마르다에게 무덤 입구의 돌을 치우라고 말씀하셨다. 마르다는 이미 사흘이나 지났기에 시체가 썩어 악취가 날 것이고 확신하며 반대했다. 그녀는 기적을 기대하지 않았던 것이 분명하다!

바로 그때 예수님이 그녀에게 말씀하셨다. "내 말이 네가 믿으면 하나님의 영광을 보리라 하지 아니하였느냐."

예수님이 처음에 하신 이 말씀을 조금 더 자세히 살펴보자. "내 말이 네가 …라 하지 아니하였느냐?" 나에게는 이 말씀이 매우 부드러운 꾸지람으로 들린다. 마르다가 예수님이 그녀에게 하신 말씀을 잊어버린 것이 분명했기 때문이다. 다른 말로 표현하자면, "마르다야, 우리가 이 일에 대해 이미 이야기하지 않았느냐"라고 하신 셈이다.

예수님이 처음으로 마르다에게 믿음에 대해 언급하신 대화를 찾기 위해 그렇게 멀리 거슬러 올라갈 필요는 없다. 요한복음 11장 20~26절에 나사로가 죽은 후 예수님이 마을에 도착하셨을 때, 마르다가 그분을 맞으러 나가서 이렇게 말한다. "주께서 여기 계셨더라면 내 오라버니가 죽지 아니하였겠나이다." 예수님이 "네 오라비가 다시 살아나리라"고 말씀하시자, 이에 마르다는 "마지막 날 부활 때에는 다시 살아날 줄을 내가 아나이다"라고 답한다.

예수님이 이어서 하신 말씀은 마르다와 우리 모두에게 믿음의 핵심이 무엇인지 알려 준다.

요한복음 11:25~26

예수께서 이르시되 나는 부활이요 생명이니 "나를" 믿는 자는 죽어도 살겠고 무릇 살아서 "나를" 믿는 자는 영원히 죽지 아니하리니 이것을 네가 믿느냐

여기서 예수님은 마르다에게 처음으로 믿음에 대해 말씀하실 때,

"나를 믿는 자"라는 표현을 사용하신다. 우리의 시선을 치유자요, 공급자, 구속자이자 구세주이며, 기적을 행하시는 분인 예수님께 고정할 때, 믿는 것이 수월해진다. 우리의 믿음 체계는 그리스도를 중심으로 재구성된다. 믿으려고 애쓰고 노력하는 모든 필요가 사라진다.

그러면 믿음을 정신적 동의에 불과한 것으로 전락시키는 것에서 우리의 시선을 돌려 모든 것을 아우르시는 그분께 고정할 수 있다! 그분이 치유자이심을 알고 그분의 본성을 누릴 때, 우리에게 필요한 기적을 믿는 것이 수월해진다. 나는 수년간 너무도 많은 사람들이 믿으려 애쓰는 일에 스스로를 속박하는 모습을 보아 왔다. 그들이 아버지와 그분의 아들 예수님의 마음과 본성에 대해 거의 알지 못하기 때문이다.

그분의 본성은 무엇인가? 그분의 본성은 치유하시는 것이다. 그분은 이미 그에 필요한 대가를 다 치르셨고, 이것이 곧 그분의 마음이며, 그분은 사람을 치유하실 때 차별하지 않으신다. 그분이 한 사람을 위해 하신 일은 모든 사람을 위해 하신 일이다. 그분은 하늘에 앉아 누구를 치유하고 누구는 치유하지 않으실지 결정하시는 분이 아니다. 치유하기로 하신 결정은 이미 내려졌는데, 그것이 바로 그분의 마음이기 때문이다. 그분은 좋은 선물(은사)을 주시는 분이다(약 1:17). 더 열심히 노력하고 잘 믿으라는 혼란스럽고 낙담하게 하며 우리를 완전히 잘못 이끄는 메시지들보다는 우리

우리의 시선을
예수님께 고정할 때,
믿는 것이 수월해진다.

는 그리스도의 몸으로서 하나님의 마음에 대한 이 진리와 십자가의 메시지로 돌아와야 한다.

믿음에는 엄청난 능력이 있지만, 그러한 능력은 우리가 하나님이 스스로 말씀하신 그대로 그 하나님이라는 것을 믿을 때 나타나게 된다. 그분의 본성과 그분의 마음, 그리고 십자가의 메시지와 무엇이 이미 대가로 치러졌고, 그분이 선한 아버지이심을 알게 될 때 나타난다! 그렇다면 아버지가 얼마나 좋으신 분이라고 생각하는가? 나는 우리에게 주어지는 돌파의 수준이 우리가 아버지의 선하심을 이해하는 정도와 정비례하는 경우가 많다고 말하고 싶다.

그분의 본성을 아는 것이 믿음에 있어서 가장 중요하다는 점을 이해하는 것이 중요하다. 마가복음 5장에 나오는 혈루증 여인은 군중을 헤치고 나오며 "믿습니다, 믿습니다, 믿습니다!"라고 외치지 않았다. 그녀는 예수님이 사람들을 고쳐 주시는 모습을 보았고, 자기에게도 치유가 필요하다는 것을 알았기에 군중을 헤치고 나아갔던 것이다. 그렇다면 그녀는 왜 군중을 헤치고 예수님께 나아갔을까? 치유자이신 그분의 본성을 보았기 때문이다!

Chapter 11

끈질긴 믿음

예수님께 계속 집중하기

우리는 지난 장을 통해 예수님을 통해 드러나는 하나님의 본성을 아는 것이 어떻게 우리 안에 강력한 믿음을 일으키는지 살펴보았다. 만약 우리 마음 가운데 그분의 사랑과 선하심, 그리고 능력에 대한 깊은 확신이 없다면, 시련이 닥쳤을 때 믿음이 흔들릴 뿐만 아니라, 심지어 떨어져 나갈 지경에 이를 수도 있다. 하지만 우리가 예수님께 집중된 상태로 있으면, 어떠한 상황을 마주하게 되더라도, 흔들리지 않는 확고하고 담대한 믿음이 우리 안에 자라나게 된다. 이것이 바로 끈질긴 믿음이다.

마가복음 5장 25~34절에 나오는 혈루증 여인의 이야기를 계속해 보자. 열두 해 동안 혈루증을 앓아 온 이 여인은 가진 것을 다 허비하며 가능한 모든 치료 방법을 다 시도해 보았지만 아무 효험도 없이 상태만 더 악화되는 절박한 처지에 있었다. 그녀는 예수님이 사람들을 치유해 주고 계신다는 소문을 듣게 되었다. 그분의 본성 중 어떤 부분에 깊은 인상을 받은 그녀는 이분이 자신도 치유해 주실 수 있을 거라는 소망을 품게 되었다. 그래서 군중을 헤치고 그분의 옷자락만이라도 만질 수 있을 만큼 가까이 다가갔다. 이렇게 하는 것만으로도 그녀에게는 엄청난 용기가 필요했는데, 그녀는 당시의 문화적 통념뿐만 아니라 율법에도 어긋나는 행동을 저지른 것이었기 때문이다.

레위기 15장 25~27절에 따르면, 그녀만 부정하게 여겨지는 것만이 아니라, 그녀와 접촉하는 모든 이들을 부정하게 만들 수 있었기에, 그녀는 군중이 모인 공공장소에 있어서는 안 되는 존재로서 큰 비난을 감수한 행동을 한 것이었다. (예수님이 이 여인을 불러내셨을 때, 그녀가 크게 두려워했던 것은 어찌 보면 당연한 일이었다.) 이 여인에게는 참으로 끈질긴 무엇인가 있었다!

33절까지만 해도 그녀의 믿음에 대해 구체적으로 언급된 내용은 없다. 단지 그녀가 예수님 안에서 무언가를 보았는데, 그것 때문에 자신이 치유받았다는 것을 깨달을 때까지 끈기 있게 버틸 수 있었다는 점만 기록되어 있다. 그리고 예수님은 무슨 일이 일어났는지 아시고 34절에서 그녀를 불러내어 칭찬하신다. "딸아 네 믿음이 너를 구원하였으니…"

여기서 두 가지 중요한 점을 살펴볼 수 있다. 첫째, 예수님은 이 여인을 딸이라 부르셨다. 예수님께 이 여인은 그저 또 한 명의 병든 자, 도움이 필요한 사람이 아니었다. 그분은 심지어 "여인이여"도 아닌, 훨씬 더 친밀하고 애정 어린 표현인 "딸아"라고 부르셨다. 하나님은 그분의 자녀들을 참된 정체성, 곧 아들딸로 부르시는 것을 매우 기뻐하신다!

둘째, 예수님은 "네 믿음"이라고 말씀하셨지만, 그녀를 그분께 이끈 것은 결코 믿음의 문제가 아니었던 것처럼 보인다. 그녀는 예수님이 사람들을 위해 행하시는 일들을 통해 드러난 그분의 본성에서 무언가를 본 것 같다. 그로 인해 당시의 율법을 어길 용기를 얻었으며, 군중에게 처벌받을 위험을 무릅쓰고 미력하지만 있는 힘을 다해 그분께 가까이 다가가 그분에게서 본 것을 받으려 노력했다. 그녀는 그분의 능력과 선하심을 보았고, 그것만으로도 그분께 나아갈 이유는 충분했다. 이에 예수님은 어쩌면 그녀 자신도 전혀 인지하지 못했을 그녀의 믿음과 끈기를 알아보시고 칭찬하신 것이다.

우리의 믿음에 대해 걱정할 필요가 없다. 대신 예수님께 계속 우리의 초점을 고정하기만 하면 된다. 믿음은 하나님의 본성을 진정으로 보고 깨달아 그분께 완전히 사로잡힌 마음에서 자연스럽게 흘러나오는 것이다.

우리가 예수님의 본성을 진정으로 깨달으면, 그분은 그것을 믿음으로 여기신다.

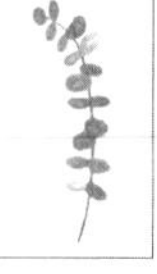

어쩌면 우리는 그리스도의 몸으로서 믿음으로 기능하고 행하는 것을 지나치게 강조하면서 예수님을 아는 것을 소홀히 했을지도 모

른다. 믿음에만 초점을 맞추면, 우리는 자칫 본질을 놓치고 결국 더 많은 사람들을 자유로 이끄는 것이 아니라 속박에 빠뜨리게 될 수 있다. 하지만 그분을 알고 그분을 사랑하는 데 집중할 때 믿음은 자연스럽게 따라오며 치유가 흘러나오게 된다.

나에게는 믿음이라는 영역에 대한 타고난 열정이 있다. 나는 믿음을 사랑하며, 하나님의 백성이 믿음 안에서 강해지는 모습을 보는 것이 내 마음의 소원이다. 하지만 절대 그들 앞에 서서 기적을 위해 필요한 것은 "믿음뿐이다"라고 말하지는 않을 것이다. 나에게는 이 말이 마치 사람들에게 "조금 더 노력하고 애쓰라"고 말할 뿐만 아니라, 그들이 온전히 주목하고 집중해야 할 분을 바라보지 못하게 방해하는 것처럼 느껴진다. 우리에게는 "믿음만"으로는 부족하다. 우리는 예수님을 알아야 한다.

베드로는 자신의 두 번째 서신의 시작과 끝을 바로 이 생각으로 열고 닫으며, 3장에서도 이 내용을 반복한다. 그 구절들은 다음과 같다.

베드로후서 1:2

하나님과 우리 주 예수를 앎으로 은혜와 평강이 너희에게 더욱 많을지어다

베드로후서 3:18

오직 우리 주 곧 구주 예수 그리스도의 은혜와 그를 아는 지식에서 자라 가라 영광이 이제와 영원한 날까지 그에게 있을지어다

그렇다면 이 두 구절의 핵심은 무엇일까? 이 두 구절에는 두 가지 공통점이 있지만, 내가 강조하고 싶은 것은 바로 우리 하나님이요, 주님이시며, 구세주이신 예수 그리스도를 아는 지식이다. 우리는 예수님을 알아야 하며, 그분의 본성을 알아야 한다. 그렇게 할 때 믿음은 막을 수 없이 터져 나오는 자연스러운 결과물이 될 것이다.

누가복음 18장 8절에서 예수님은 이렇게 물으신다. "인자가 올 때에 세상에서 믿음을 보겠느냐." 예수님은 무엇을 찾고 계시는 걸까? 바로 믿음이다! 하지만 문제는 무엇을 믿는 믿음이냐는 것이다. 예수님은 자신이 말씀하신 바로 그런 분이라는 사실을 믿는 자들을 찾고 계신다! 곧 그분이 치유자요, 구원자이며, 구속자, 회복자, 구세주, 공급자가 되신다는 것을 믿는 자들 말이다. 그분은 자신의 본성을 왜곡하려 하지 않고, 십자가의 완성된 사역 위에 굳건히 서 있을 백성을 찾고 계신다.

예수님은 담대한 믿음을 찾고 계신다. 그분의 마음을 알고 입을 열어 그분의 약속들을 선포하며, 상처 입은 이 세상에 그분의 응답을 풀어놓을 사람들을 찾고 계신다. 담대한 믿음에는 강력한 능력이 있다.

히브리서 11:1

믿음은 바라는 것들의 실상이요 보이지 않는 것들의 증거니

몇 년 전에 이 구절을 읽다가 이전에는 미처 알아채지 못했던 점

이 눈에 띄었다. 그것은 하반절에 있는 "보이지 않는 것들의 증거"라는 표현이었다. 왜 이것이 중요할까? 진정한 믿음은 우리가 믿는 결과를 얻느냐 얻지 못하느냐가 아니라, 훨씬 더 위대한 것에 달려 있다는 사실을 우리에게 일깨워 주기 때문이다.

수년간 치유를 갈망하며 노력했지만 바라던 돌파를 얻지 못한 많은 이들을 목격했다. 만약 그들의 믿음이 피상적인 것이었다면, 기적이 일어나지 않을 때 그들의 치유 신학은 순식간에 달라질 수 있다. 그리하여 그분이 선하신 하나님이라는 믿음에 굳게 서는 대신, 상황이 그것을 뒷받침하지 않는 것처럼 보이는데도, 하나님의 말씀과 심지어 그분의 본성 자체를 자신들이 설명할 수 있는 수준으로 끌어내려 버린다. 나는 하나님의 본성을 아는 지식에 확고하게 뿌리 내리지 못한 사람들이 실망에 빠지는 모습을 수도 없이 목격해 왔다. 이러한 실망이 하나님을 향한 분노로 변하고 다시 불신으로 이어지면서 머지않아 그들은 심지어 더 이상 그리스도와의 관계 가운데 행하지 않게 되었다.

우리는 믿음의 사람을 놀라운 결과를 보는 사람들과 동일시하는 경우가 많지만, 히브리서 11장 1절은 다른 관점을 제시하고 있다. 이 구절을 우리의 치유에 적용해 보면, 믿음의 사람은 돌파나 원하던 기적을 보지 못해도 예수님의 본성을 확고하게 신뢰하며 흔들리지 않고, 하나님의 말씀을 자기 경험에 맞추려고 왜곡하지 않는 사람이다. 왜냐하면 그들의 믿음이 다음과 같이 말하기 때문이다. "내가 보든 보지 못하든, 나는 여전히 하나님이 선하시다는 것과 하늘의 관점에서 나의 돌파가 이미 결정되었고 대가가 지불되었음을 믿습니다.”

다니엘 3장 1~18절에서 사드락, 메삭, 아벳느고는 죽을 위기에서도 느부갓네살 왕이 세운 금 신상 앞에 절하기를 거부하며, 하나님에 대한 그들의 지식과 믿음을 위해 목숨을 걸었다. 그들은 느부갓네살 왕에게 다음과 같이 말했다.

다니엘 3:16~18

사드락과 메삭과 아벳느고가 왕에게 대답하여 이르되 느부갓네살이여 우리가 이 일에 대하여 왕에게 대답할 필요가 없나이다 왕이여 우리가 섬기는 하나님이 계시다면 우리를 맹렬히 타는 풀무불 가운데에서 능히 건져내시겠고 왕의 손에서도 건져내시리이다 그렇게 하지 아니하실지라도 왕이여 우리가 왕의 신들을 섬기지도 아니하고 왕이 세우신 금 신상에게 절하지도 아니할 줄을 아옵소서

하나님에 본성에 대한 그들의 믿음은 결과와 상관없이 전혀 흔들리지 않았다. 그들이 살든 죽든 그들은 굴복하지도 흔들리지도 않았다. 이것이 바로 끈질긴 믿음이다!

믿음의 담대함

믿음은 소리를 낸다. 믿음은 담대하게 선포한다. 물론 누구든지

담대하게 선포할 수는 있다. 그런데 많은 이들이 담대하게 선포하지만 거의 아무 일도 일어나지 않는다. 하지만 내가 말하는 것은 우리 아버지께서 누구신지에 아는 지식이 뒷받침되는 담대한 선언이며 선포이다! 예수님의 본성에 근거한 담대한 선포이자, 자신이 누구이며 누구에게 속한 사람들인지에 대한 확신이 있는 사람들의 담대한 선포 말이다.

다음 내용은 나의 책 《정체성 깨닫기: 빼앗긴 것을 되찾으라》에서 발췌한 것으로, 믿음이 가진 담대함을 완벽하게 보여 주는 예이다. 이 내용은 엘리야의 이야기로 시작된다.

열왕기상 17:1

길르앗에 우거하는 자 중에 디셉 사람 엘리야가 아합에게 말하되 내가 섬기는 이스라엘의 하나님 여호와께서 살아 계심을 두고 맹세하노니 내 말이 없으면 수년 동안 비도 이슬도 있지 아니하리라 하니라

여기서 엘리야는 "오늘 이후로 내가 말하여 바꾸지 않는 한, 비가 내리지 않을 것이다"라고 아주 담대하게 선포한다. 이 구절에는 매우 깊고 많은 의미가 담겨 있으니, 여러 방면에서 살펴보자. 그러면서 이 선포가 하나님이 주신 말씀이라는 암시가 전혀 없다는 점을 명심하기 바란다.

그런데 본론으로 들어가기 전에 잠시 다른 내용을 살펴보자.

잠언 18:21

죽고 사는 것이 혀의 힘에 달렸나니 혀를 쓰기 좋아하는 자는 혀의 열매를 먹으리라

우리 입에서 나오는 말은 생명을 가져오거나 죽음을 초래할 정도로 엄청난 결과를 가져올 수 있다. 질문이 있다. 당신은 자신의 상황에 무엇을 선포하고 있는가? 자신의 몸에 무엇을 말하고 있는가? 우리의 상황에 선포하는 말에는 엄청난 능력이 있다. 우리의 혀는 세울 수도, 무너뜨릴 수도 있다. 그러므로 당신의 입에서 무슨 말이 나오는지를 주의하고 경계하라. 마찬가지로 당신의 귀에 들리는 말도 신경 쓰라! 하는 말이든 듣는 말이든, 말에는 능력이 있다.

불과 몇 년 전, 친구 중 한 명이 상태가 위중하여 결국 병원에 실려 갔는데 생존 가능성이 매우 희박한 혼수상태에 빠졌다. 나는 사역 일정이 있어서 그 지역을 떠나려던 참이었지만, 그의 아내에게 전화를 걸어 비행기 시간 전에 잠깐 들러도 되는지 확인했다.

나는 그에게 가까이 다가가서 이렇게 말했다. "자네가 내 말을 들을 수 있는 걸 알아. 그러니 잘 듣게. 친구여, 나는 네 몸을 향해 말하고 행동하라고 명한다. 건강과 100퍼센트 온전함을 선포한다." 그리고 농담 반 진담 반으로 이렇게 말했다, "나는 5일 뒤에 돌아올 거야. 그러니 그때까지 이 침대에서 일어나 있지 않으면, 엉덩이를 때려 줄 거야!" 병실 문 밖을 나서며 그의 아내에게 의사들이 그가 들을 수 있는 곳에서 나쁜 소식을 이야기하지 못하게 하라고 당부하고 나는

떠났다.

24시간 후 아시아에 도착했는데 전화가 울렸다. 그 친구의 전화였다! 나는 기쁜 마음으로 전화를 받으며 인사했다. 친구가 말했다. "크리스, 나 혼수상태에서 깨어났어. 나 엉덩이 맞고 싶지 않아! 자네가 나에게 한 말 다 들었어." 내가 미국으로 돌아왔을 때 그는 이미 퇴원해 있었고, 기적적으로 완전히 회복된 상태였다. 이 이야기는 재미있을 뿐만 아니라, 말의 힘과 능력을 분명하게 보여 준다!

당신은 무엇을 선포하고 있는가?

선포의 능력은 오랫동안 비판을 받아 왔지만, 삶과 죽음이 혀의 권능에 달려 있다는 하나님의 말씀은 부인할 수 없다. 우리가 하는 말에 얼마나 큰 능력이 있는지 진정으로 이해했다면, 우리 입에서 나오는 말에 조금 더 신중해질 것이다. 이제 이것을 다른 각도에서 바라보며 죽음의 측면보다는 생명의 측면에 대해 이야기해 보자. 생명이 혀의 권능에 달려 있다면, 우리도 생명을 말하는 사람들, 곧 예수님과 치유, 그리고 온전함에 대하여 이야기하는 사람이 되자.

성경에 여러 곳에 예수님이 사람들을 고쳐 주시고 "제사장에게 가서 네 몸을 보이라"고 말씀하시는 장면이 나온다(눅 5:14, 17:14). 당시 제사장에게는 오늘날의 의사와 유사한 면이 있어서 살펴보고 진단을 내린 다음, 해당 인물이 정결한지 부정한지, 그리고 그다음에 취해 우리가 하는 말에는 생명과 치유 능력이 있다.

야 할 조치 등에 대해 조언을 해 주었다(레위기 13장은 구약의 전염병 대처 매뉴얼이다!). 그들의 직무에는 치유가 수반되지 않았다. 하지만 우리 믿는 자들이 제사장이 되고 예수님이 대제사장이신 새 언약의 제사장 직분은 더 이상 검진하는 역할을 수행하지 않는다. 예수님은 모든 치유에 대한 대가를 완전히 치르셨고, 우리가 하는 말로 그분이 값 주고 사신 것을 적용하여 치유를 선언하고 선포할 수 있는 권한을 우리에게 위임하셨다. 이것은 다른 이들을 위한 기도에만 적용되는 것이 아니다. 우리의 몸에도 하나님의 말씀과 그분의 마음에 일치되라고 명령할 수 있는 것이다. 우리의 선포에는 생명과 능력이 있다.

이제 엘리야 이야기로 돌아가 보자. 이미 메마른 지역에 비가 내리지 못하게 하는 것이 하나님의 심판일 수 있다는 것에는 모두 동의할 것이다. 하지만 기억하라. 엘리야가 주님의 말씀에 따라 그렇게 행했다는 기록은 어디에도 없다! 또한 혀에는 생명과 죽음의 권세가 있다는 것도 기억하라.

3년 6개월이 지난 뒤, 엘리야는 이제 비가 내릴 때가 되었다는 주님의 말씀을 받았다.

열왕기상 18:1

많은 날이 지나고 제삼년에 여호와의 말씀이 엘리야에게 임하여 이

르시되 너는 가서 아합에게 보이라 내가 비를 지면에 내리리라

이제 우리 모두는 물 한 방울 절실한 땅에 비가 내리는 경우 그것이 주님의 놀라운 축복으로 여겨질 수 있다는 데 동의할 것이다.

열왕기상 18장 42~45절에 따르면, 엘리야는 갈멜산 정상에 올라가서 무릎 사이에 얼굴을 묻고 땅에 엎드려 절하며, 사환에게 가서 바다 쪽을 바라보라고 말했다. 이러한 과정은 일곱 번째에 이르러 사환이 사람 손바닥만 한 구름이 보인다고 보고할 때까지 계속되었다. 우리는 그 후 하늘에서 폭우가 쏟아졌다는 것을 알고 있다. 얼굴을 무릎 사이에 묻고 기도한다는 것은 기도하며 애쓰고 수고하는 모습, 곧 하나님의 축복이 이 땅에 임하도록 간절히 구하는 모습이다.

이처럼 엘리야는 주님의 심판을 보고 싶었다. 그래서 주님의 말씀 없이도 단순히 비가 내리지 않을 것이라고 선포만 한 것이다. 그러나 주님의 복을 구할 때에는 간절히 기도했다.

오늘날 너무도 많은 신자들이 아직도 엘리야와 같은 방식으로 살아가며 기도하고 있다. 그들은 주님의 말씀 한 마디 없이도 너무나 쉽게 사람과 도시, 나라, 심지어 자기 자신에 대해서 심판을 선포한다. 하지만 주님의 축복에 관해서는 (이 또한 주님의 말씀인데도) 마치 하나님께 축복과 치유를 구걸해야 하는 것처럼 애쓰고 수고하며 기도한다. 나는 이것이 이해되지 않는다.

우리가 실제로 새로운 언약의 실재로 살아간다면 어떤 모습일까? 만약 상황을 바꾸어 우리에게 필요한 것을 얻기 위해 애쓰며 주

님께 구걸하는 것이 아니라, 어려움이 있을 때마다 어떠한 열등감이나 두려움 없이 은혜의 보좌 앞에 나아가 우리의 상황과 환경 위에 그분의 축복과 치유, 그리고 공급을 담대하게 선포한다면 어떨까?

우리가 마치 심판의 말을 전하는 구약의 선지자라도 된 것처럼 선포의 능력을 사용하는 것을 멈추고, 대신 우리의 세상에 생명과 소망, 그리고 치유와 구원을 담대하게 선포하는 데 사용한다면 어떤 일들이 벌어질까? 우리는 예수님이 우리에게 계시해 주신 하나님 나라, 곧 "나라가 임하시오며"라고 기도하는 데 익숙하다. 이제는 우리의 선언을 하나님 나라에 일치시켜 그분의 뜻이 하늘에서 이루어진 것 같이 이 땅에서도 이루어지도록 해야 한다.

야고보는 이것에 대해 어떻게 말했는지 읽어 보자.

야고보서 5:17

엘리야는 우리와 성정이 같은 사람이로되 그가 비가 오지 않기를 간절히 기도한즉 삼 년 육 개월 동안 땅에 비가 오지 아니하고

이 구절에 따르면, 엘리야가 비가 오지 않도록 간절히, 혹은 '열심히' 기도하자, 3년 6개월 동안 비가 내리지 않았다고 한다.

이제 사전에서 "간절히"와 "열심히"의 의미를 살펴보자.

간절히(earnestly, 부사) — 진실하고 강한 확신을 가지고; 진지하게

열심히(fervently, 부사) — 매우 열성적으로 또는 열정적으로

여기서 어떤 부분이 강조되었는지 보이는가? 비가 내리지 않을 것이라는 엘리야의 선언은 간절히(진실하고 강한 확신을 가지고, 진지하게) 혹은 열심히(매우 열성적으로 또는 열정적으로) 이루어졌다고 묘사되어 있지만, 열왕기상 17장 1절에서는 간결하고 담대하게 다음과 같이 선포했다. "내가 섬기는 이스라엘의 하나님 여호와께서 살아 계심을 두고 맹세하노니 내 말이 없으면 수년 동안 비도 이슬도 있지 아니하리라."

아마도 하나님은 엘리야의 선언을 담대한 믿음의 선포로 보셨을 것이다. 왜냐하면 야고보가 18절에서 이어서 말하는 내용을 보면, 엘리야가 다시 기도했지만 간절히 또는 열심히 기도했다는 언급은 전혀 없기 때문이다.

야고보서 5:18

다시 기도하니 하늘이 비를 주고 땅이 열매를 맺었느니라

이 이야기를 비롯하여 단순히 복음과 일치시키는 것에는 정말 강력한 무언가가 있다. 치유를 예로 들면, 우리는 돌파를 위해 기도하고 길게 열심히 애쓰고 수고하며 구하는 경향이 있다. 어찌면 우리는 진정으로 필요한 것을 놓치고 있을지도 모른다. 하나님은 그분의 마음을 아는 자들, 즉 그분의 말씀에 동의하여 말씀을 담대히 선포할 수 있는 사람들을 찾고 계시기 때문이다.

어느 날 저녁 미국에서 가르치고 있는데, 의사 한 분이 친구의 권유로 집회에 참석해 있었다. 그는 친구와 함께 집으로 돌아가는 차

안에서 단 한 마디도 하지 않았고, 그 후로도 두 사람은 3개월 동안 서로 말을 나누지 않았다. 친구는 이 의사가 기분이 상한 게 아닌지 걱정되었다. 그래서 전화를 걸어 무엇 때문에 두 사람이 침묵하게 되었는지 대화를 나눌 수 있는지 확인해 보기로 했다.

알고 보니, 그 의사도 그리스도인이었는데, 치유에 대한 하나님 나라의 가르침을 한 번도 접해 본 적이 없었다고 한다. 그는 친구에게 자신은 그런 이야기를 한 번도 들어본 적이 없으며 그때 들은 새로운 개념들이 상당히 충격적이었다고 했다. 그러면서 자신과 아내는 자연적으로는 아이를 가질 수 없어 체외 인공수정(IVF)으로 두 아이를 얻었지만, 세 번째 시술은 감당할 수 없었다고 했다. 그는 그날 밤 집회에서 집으로 돌아와 이미 잠들어 있는 아내를 깨우며 "이 말이 조금 이상하게 들릴 걸 알아…" 하고는 이불을 걷어내며 아내의 배에 입을 대고 큰 소리로 선포했다고 한다. "자궁아, 너는 임신할지어다!" 이어서 그는 말했다. "우리가 3개월 동안 말을 하지 않은 건 나도 알아. 그런데 지금 아내가 임신 3개월째야."

한 가지 분명히 하자면, 예수님의 어머니가 되신 마리아는 성령으로 잉태하신 유일한 여성이다. 이 의사가 한 담대한 믿음의 선포와 그에 따른 행동이 필요했다!

예수님 안에서 우리에게 계시된 아버지의 본성을 아는 것에서 비롯된 끈질긴 믿음의 소유자들이 되어 우리 입으로 담대하게 치유를 선포하자!

Chapter 12

흔들리지 않는 굳건한 믿음

믿음의 고백을 굳게 붙들기

사역하면서 몇 가지 말을 들었는데, 다 좋은 내용은 아니었지만, 가장 좋아하는 말 중 하나는 한 친구가 다음과 같이 말했을 때였다. "크리스, 너는 참 흑과 백이 분명하구나." 그는 하나님의 본성과 복음의 단순함에 대해 내가 믿는 바를 확고하게 지키는 능력을 말하는 것으로, 당연히 칭찬의 의미로 한 말이었다! 물론 내가 아는 모든 사람들이 다 그렇게 보지는 않을 수도 있지만, 바로 이 환경에서 믿음은 가장 잘 자란다. 우리의 경험으로 신학을 규정하거나 신앙을 흔들리게 두지 않는다는 의미에서, 우리가 아버지의 마음을 마주하게 되면 믿음은 흔들리지 않고 견고해진다. 믿음은 안식의 장소가 된다. 더 이상 믿으려고 애쓰는 것이 아니라, 우리 아버지가 누구신지 아는 지식 안에 변함없이 안식하며 머물러 있게 된다.

수년간 그들의 삶에 기적이나 꿈이 이루어지는 모습을 본 적이 없는 친구들이 있다. 그들 중 많은 이들이 이렇게 말했다. "하나님은 내가 기대하던 일들을 하나도 이뤄 주지 않으셨어." 심지어 이렇게 말하는 이들도 있다. "다른 사람들은 축복받고 치유받는데, 나는 여전히 같은 문제와 응답받지 못한 기도들을 안고 이 자리에 있어. 이제 다 지긋지긋해. 더 이상 믿지 않을 거야. 그냥 내려놓을래." 안타깝게도 그들의 믿음은 실망의 무게에 눌려 변질되었고, 자신의 필요에 대해 불신하게 되었다.

구약에서 내가 가장 좋아하는 이야기 중 하나는 창세기 12~22장에 나오는 아브라함과 그의 아내 사라와 관한 놀라운 내용이다. 하나님은 아브라함에게 새로운 땅에 대한 꿈과 그가 많은 민족의 조상이 될 것이라는 약속을 주셨다. 하지만 두 가지 모두 불가능해 보였다.

하나님이 처음으로 아브라함에게 아들을 주시겠다고 말씀하셨을 때, 그의 아내 사라는 불임이었을 뿐만 아니라, 둘 다 아이를 가질 나이가 훨씬 지난 상태였다. 그들의 육신은 아이를 가질 수 없는 상태였다. 아이를 갖는다는 생각 자체가 그들에게는 아마도 이룰 수 없는 환상처럼 보였을 것이며, 마음속으로는 이것이 어떻게 그들의 삶을 향한 하나님의 계획일 수 있는지 의문을 품을 때도 있었을 것이다.

하나님이 처음으로 아브라함(당시에는 아브람으로 불렸다)에게 여러 민족의 조상이 될 것이라고 말씀하셨을 때에는 완전히 불가능한 일처럼 보였을 것이다. 아브라함의 아내인 사래(나중에 사라로 불리게 됨)

가 불임이었을 뿐만 아니라, 둘 다 임신할 수 있는 나이를 훨씬 넘긴 상태였다. 그리고 하나님은 새로운 땅에 대한 약속을 주시면서 그곳이 어디인지 알려 주지 않으셨다. 그들이 그 땅에 도착하면 하나님이 알려 주시리라 믿으며 길을 떠나게 하셨을 뿐이었다.

그 땅을 찾아 정착하기까지의 여정 가운데 그들은 수많은 어려움에 직면했다. 극심한 기근으로 인해 애굽으로 이주해야 했는데, 파라오와의 갈등으로 다시 추방되었으며, 함께 데려간 조카 롯과의 문제도 있었고, 주변 왕과의 분쟁도 있었다. 그렇게 세월이 흐르면서 그들은 가족에 대한 하나님의 약속을 기다리지 못하고 포기했다. 사라가 아브라함을 설득하여 자신의 여종 하갈을 두 번째 아내로 맞이하여 아이를 낳게 한 것이다. 그렇게 하여 아들을 낳았지만, 그로 인해 큰 분쟁이 일어났다. 결국 아브라함과 사라는 약속받은 아들을 태어나기까지 스무 해를 더 기다려야 했다.

어쩌면 아브라함과 사라는 "이제 됐어! 우리 이 정도면 충분했어"라고 하며 모든 것을 정리하여 고향 우르로 돌아가는 것이 훨씬 쉬웠을 것이다. 그러나 그들은 낙심과 패배에 굴복하지 않고, 하나님이 그들의 마음에 심어 주신 약속과 꿈을 굳게 붙잡고, 그것의 성취를 볼 때까지 계속 찾고 구했다.

히브리서 10장에는 강력한 구절이 있는데, 치유에 관한 우리의 위치와 자리를 정하는 데 중요한 역할을 한다고 생각한다. 흔들림 없이 굳건히 버티며 우리와 함께하지 않는 이들에게 우리의 믿음이 침식당하지 않도록 지키고 보호해야 할 때가 있다. 나 또한 우리 가족에게 필요한 기적에 대해 다른 사람들과 무엇을 나눌 것인지 조심하는 법을 배워야 했다. 어떤 이들은 딸아이에게 품고 있는 우리의 소중한 꿈에 대해 "너무 기대는 하지 말라"며 의심을 던지기 때문이다. 성경은 진주를 돼지 앞에 던지지 말라고 경고하고 있다(마 7:6). 지혜가 필요할 때가 있다.

이제 조금 무거운 주제로 넘어가 헬라어를 살펴보도록 하겠다!

히브리서 10:23 (한글킹제임스)

(약속하신 이는 신실하시니) 우리 믿음의 고백을 흔들림 없이 굳게 붙들자

이 구절을 세밀히 분석하여 세 가지 주요 내용을 자세히 살펴보자.

굳게 붙들자

"굳게 붙들라"는 표현에 주목하기 바란다. 아브라함과 사라는 그들의 꿈을 "굳게 붙들었다". "굳게 붙들다"의 원문은 헬라어 "카테코"(katecho-, G2722)를 번역한 것으로, "카타"(kata, G2596)와 "에코"(echo-, G2192) 두 단어가 결합된 말이다.

앞부분의 "카타"에는 무언가가 아주 무겁고 강하게 내려와 압도하고 지배한다는 개념이 담겨 있다. 이 힘이 현장에 도착하면, 정복하

고 굴복시켜 즉시 압도적이고 영향력 있는 힘을 발휘하기 시작한다.

뒷부분의 "에코"는 단순히 "내가 가지고 있다"의 의미로 소유권의 개념이 담겨 있지만, 더 깊은 함의를 지닌다. 이것은 평생 특정한 것 한 가지를 찾아 헤맨 사람의 모습을 보여 준다. 오랜 세월의 탐색 끝에 마침내 꿈꾸던 대상을 찾아내어 두 팔로 감싸 안으며 자신의 것으로 만든다. 마침내 "찾았다! 마침내 내 것이 되었다!"라고 말할 수 있게 되는 것이다.

이 두 단어가 결합되면, 문자 그대로 무언가를 꼭 끌어안는다는 뜻이 된다. 이것은 실제로 무언가를 장악하고 지배하며, 심지어 그 위에 올라앉아 빠져나가지 못하게 하는 이미지를 연상시킨다.

이와 동일한 개념이 긍정적으로 사용되어 하나님이 주신 말씀을 단단히 붙잡고 슬그머니 사라지거나 빠져나가지 않도록 하는 모습을 긍정적으로 묘사한다.

그러므로 "카테코"라는 말의 이러한 의미를 적용하여 히브리서 10장 23절을 읽으면, 다음과 같다.

> 또 우리의 고백을 굳게 붙들되, 두 팔로 단단히 감싸 안고 온 힘을 다해 끌어안아 놓지 않음으로써 우리에게서 그것을 앗아가려 하는 자들의 모든 시도를 물리치자.

우리는 흔들리지 않는 굳건한 믿음을 근사하게 묘사하기 시작한 것이다!

고백

히브리서 10장 23절에 사용된 "고백"(개역개정은 "도리")이라는 말은 헬라어 "호몰로기아"(homologia)를 번역한 것으로, 이것도 "호모"(homo)와 "로고스"(logos)가 결합된 말이다. "호모"는 "동일한 종류의 것"을 의미하며, "로고스"는 헬라어로 "말(씀)"을 뜻한다.

"호몰로기아"라는 말이 묘사하는 "고백"은 단순히 다른 사람이 하는 말을 그대로 따라 하는 모습이 아니다. 이것은 하나님의 말씀을 마음에 받아 그분이 하시는 말씀에 동의하고 일치를 이룬 개인의 모습이다.

이 사람은 어떤 문제나 상황을 하나님이 보시는 것과 똑같이 보고, 하나님이 들으시는 것처럼 들으며, 하나님이 느끼시는 그대로 느낀다. 이 사람의 마음과 하나님의 마음이 그 사안에 대해 완전한 하나가 되어 서로의 심장이 하나로 맞물려 고동치고 있다. 따라서 입을 열어 하나님의 말씀을 고백할 때 그 고백은 더 이상 무력하고 공허하지 않게 된다. 오히려 그것은 그들의 마음 깊은 곳에서 우러나오는 확신에서 나온다.

이것을 염두에 두고 히브리서 10장 23절을 다시 읽으면, 다음과 같다.

> 우리가 하나님과 뜻을 같이하여 그분이 말씀하시는 바를 말하기 시작하자. 그리고 그것을 두 팔로 감싸 안고 온 힘을 다해 끌어안아 놓

지 말자. 누가 그것을 우리에게서 앗아가려 하는 그 모든 시도를 물리치자.

흔들림 없이

이제 마지막으로 "흔들림 없이"를 살펴보자. "흔들림 없이"는 헬라어 "아클리네스"(aklines)를 번역한 것으로, 굽히지 않거나 고정되어 있어 움직이지 않는 것, 곧 확고부동하여 안정적으로 버티는 상태를 묘사한다.

"아클리네스(aklines)"에서 "a"를 제거하면 헬라어 "클리네스(klines)"가 되는데, 이것은 어깨를 움츠리고 몸을 굽힌 채 절하는 사람의 모습을 묘사하는 말이다. 이 사람은 너무나 지쳐서 간신히 서 있을 뿐이며, 결국에는 기진맥진하여 굴복하고 포기해 버리고 만다.

하지만 "클리네스"에 "a"를 붙여 "아클리네스(aklines)"가 되면, 포기하기 직전의 사람과는 정반대의 의미가 된다. 이것은 실제로 무슨 일이 있어도 굽히지 않고, 변하지 않으며, 고정되어 있고, 안정적이며, 움직이지 않는 모습과 태도를 표현한다. 이 구절의 맥락에서 보면, 이 사람은 자신의 믿음에 너무 많은 것을 쏟아 부었기에 포기할 수가 없다. 따라서 그는 어떠한 압박을 받더라도 자신이 보거나 받을 것이라고 믿고 있는 바에 대하여 조금도 물러서지 않는다.

이제 이 모든 것을 종합하여 이 구절의 온전한 의미라고 생각되는 내용을 읽어 보자.

히브리서 10:23

우리가 하나님과 뜻을 같이하여 그분이 말씀하시는 바를 말하기 시작하자. 그리고 우리가 고백하는 그 약속을 두 팔로 단단히 감싸 안고 온 힘을 다해 끌어안아 놓치지 않음으로써 누가 그것을 우리에게서 앗아가려 하는 모든 시도를 물리치자. 우리는 우리의 헌신에 변덕을 부리지 않을 것이며, 우리가 믿고 고백하는 것에서 결코 흔들리지 않고 굳건히 서 있기로 결단한다.

이제 이 말씀의 능력이 보이는가?

나는 기적을 향한 소망을 잃어버린 사람들을 너무도 많이 만난다. 선의를 가진 친구들의 부정적인 말이 그들에게 의심을 심었을 수도 있고, 그들이 압박에 굴복해 믿음을 포기할 때까지 원수가 끊임없이 "하나님이 정말로 그렇게 말씀하셨어?", "그런 일은 절대 일어나지 않을 거야"라고 속삭였을지도 모른다. 또 어떤 이들은 이루어지리라 믿고 있는 일에 대해 기도해 달라고 부탁한 뒤, 며칠 만에 이메일을 보내어 "아직 아무 일도 일어나지 않았어요. 이제 어떻게 해야 하나요?"라고 묻는다. 그럴 때면 나는 보통 히브리서 10장 23절에 묘사된 대로, 그들의 고백을 굳게 붙잡고 절대로 포기해서는 안 된다고 설명해 준다.

우리가 약속을 굳게 붙잡고 있지 않으면, 그리고 하나님은 선하시며 예수님이 우리의 치유를 위해 이미 모든 것을 이루셨고 우리의 치유는 나타나게 되어 있다는 굳은 확신을 그 무엇도 흔들지 못하게 하지 않는 한, 치유받으리라는 꿈을 잃어버리는 것이 얼마나 쉬운 일인지 깨닫기 바란다.

우리에게 가장 중요한 것은 진리에 시선을 고정하여 눈앞의 현실 혹은 사실의 방해를 받지 않는 것이다! 진리는 문제 속에 있지 않고 예수님 안에 있다. 선지자 요나가 (아마도 고래였을) 거대한 물고기에게 산 채로 삼켜졌을 때(욘 2:8), 자신이 처한 끔찍한 상황을 "쓸모없는 우상"(우리말)이나 "거짓되고 헛된 것"이라고 묘사한다. 다시 말해, 그의 현실은 하나님 말씀의 진리와 일치하지 않았다. 생각해 보자. 그는 살아남으리라는 소망조차 없는 고래 뱃속에 갇혀 있었지만, 여전히 그 현실을 거짓되고 헛된 것, 즉 쓸모없는 것으로 묘사한다.

요나 2:8

거짓되고 헛된 것을 숭상하는 모든 자는 자기에게 베푸신 은혜를 버렸사오나

하나님의 말씀에 반하는 모든 것들은 거짓되고 헛된 것, 쓸모없는 우상들인 것이다. 요나는 이렇게 말하고 있는 것이었다. "내가 이 고래 뱃속에 앉아 내 처지를 곱씹으며 죽을 수도 있고, 아니면 내 문제에서 눈을 들어 대신 내게 속한 신성한 자비에 집중할 수도 있다."

그래서 요나가 자신의 태도, 곧 어조(말투)를 바꾸자, 그의 상황도 달라졌다.

요나 2:9-10

나는 감사하는 목소리로 주께 제사를 드리며 나의 서원을 주께 갚겠나이다 구원은 여호와께 속하였나이다 하니라 여호와께서 그 물고기에게 말씀하시매 요나를 육지에 토하니라

절대로 우리가 처한 상황을 우리의 해결책이신 예수님보다 더 크게 보이게 허락해서는 안 된다. 그분은 우리가 마주하게 될 어떠한 문제나 환경보다도 크신 분이다. 우리는 그분께 시선을 고정하고, 주변의 상황이 어떠하든지 우리 치유의 값이 이미 치러졌다는 확신을 놓지 않는 사람들이 되어야 한다.

우리에게 가장 중요한 것은 진리에 시선을 고정하여 눈앞의 현실 혹은 사실의 방해를 받지 않는 것이다!
진리는 문제 속에 있지 않고 예수님 안에 있다. 그분은 우리가 마주하게 될 어떠한 문제나 환경보다도 크신 분이다.

Part 2

받은 기적 유지 관리하기

POSITIONED

Part 2

서문

기적이 일어나는 모습과 소중한 사람들이 그 기적을 받는 모습을 지켜보는 일, 수년간 계속되던 고통이 순식간에, 때로는 며칠에 걸쳐 떠나가는 모습을 목격하는 것은 정말 놀라운 기쁨이자 특권이다. 이것은 진정으로 예수님이 대가를 치르신 것을 우리가 받아 아버지께 영광을 돌리는 일이다. 하나님은 우리를 너무도 사랑하셔서 죄의 모든 형벌로부터 우리의 자유를 되찾아 주시려고 자신을 값으로 내어 주셨으며, 그에 따르는 기적적인 치유는 그분의 참된 본성이 어떠한지 이 세상에 보여 주기 때문이다. Part 1의 내용을 탐구하고 적용하면서 치유에 대한 아버지의 마음과 복음이 그것에 대해 무엇이라 말하는지 진정으로 깨닫기 시작했으며, 기적을 받기 위해 어떻게 준비되어야 하는지에 대해서도 훨씬 더 깊이 이해했으리라 확신한다.

로마서 12장 2절 말씀대로 우리의 생각을 새롭게 할 때, 종교와 그 거짓말들은 자리를 잃기 시작할 것이다. 우리의 낡은 사고방식은 복음의 기쁜 소식과 일치하게 되면서 변화되게 되어 있다.

Part 2에서는 신성한 건강과 기적을 유지하고 관리하는 법을 다룰 것이다. 지금 필요한 기적이 있다면 바로 받자. 복음의 진리를 아는 지식에 우리 자신을 일치시키자. 바로 이 서문을 쓰는 밤, 내가 가르친 오디오 메시지를 들은 한 여성으로부터 연락을 받았다. 그녀가 복음의 진리를 받아들였을 때, 그녀의 몸에 있던 악성 종양이 그냥 떨어져 나갔다는 것이었다. 이것이 바로 복음이다! 우리가 진리를 아는 지식 앞에 준비되어 있으면, 치유는 저절로 흘러나오게 되어 있다!

질병이나 고통이 일반적인 것이 아니라 오히려 예외적인 일이 되는 세대를 나는 마음속으로 꿈꾸고 있다. 기적은 멋지고 놀라운 일이지만, 기적이 우리의 삶을 향한 하나님의 최선은 아니라고, 신성한 건강이 그분의 최선이라고 믿고 있다. 우리가 처음부터 아프지 않았다면 어땠을까! 질병과 고통은 우리의 기쁨과 자유, 재정, 관계, 꿈 등 삶 자체를 죽이고, 훔치고, 파괴하는 도둑이다.

기적에 대해 아무리 오래 가르친다고 해도, 기적을 필요로 하는 사람들은 항상 존재할 것이다. 물론 나는 앞으로도 언제나 기적을 추구할 것이다. 하지만 우리가 청지기적 태도와 의무, 그리고 신성한 건강에 대해서도 가르친다면 어떨까? 소비자 중심 사회에서는 청지기적 태도와 의무를 그다지 좋아하지 않는다. 자기 자신도 어느 정도 책임을 져야 함을 암시하기 때문이다. 그러나 진정으로 신성한 건강 속에서 살아가기 원한다면, 우리의 삶과 사고의 방식에 변화를 가져와야 할 것이다.

이제부터 신성한 건강에 대해, 그리고 우리 건강의 청지기가 되어 관리하는 법에 대해 다룰 것이다. 시작해 보자!

Chapter 13

건강과 기적 관리하기

하나님과 동역하기

이 책의 Part 2로 넘어가면서 우리의 초점을 치유받는 것에서 그 치유를 유지하는 것으로 전환할 것이다. 아버지의 사랑의 손길에 수많은 이들이 고통에서 기적적으로 치유받는 모습을 목격하는 것은 정말 놀라운 경험이다. 하지만 나는 그분이 우리를 치유하신 후 그것을 유지하는 법을 스스로 알아내도록 내버려 두시는 '일회적(一回的)' 하나님이 아니라는 사실도 알고 있다. 그분은 우리 삶의 모든 영역과 매일 매일에 깊은 관심을 가지고 계시며, 예수님이 십자가에서 우리를 위해 값 주고 사신 건강과 온전함 안에서 행하기를 바라신다.

치유받은 사람들 대부분은 이전의 질병에서 벗어나 자유로운 삶을 살아가지만, 치유를 잃어버리는 사람들도 있다. 그 모습을 볼 때마다 항상 마음이 아프지만, 이것을 통해 우리의 가르침에 커다란 구멍이 있음을 깨닫게 되었다. 우리는 이 불편한 주제에 어떻게 대처해야 하는지 한 번도 배운 적이 없다는 것이다. 새로워진 건강 상태를 유지하거나 증상이 재발할 경우 회복하기 위한 조치를 취하는 것이 아니라, 교회에서는 이러한 치유의 상실을 마치 전혀 일어나지 않은 일인 것처럼 취급하며, 어떻게 변화를 이끌어낼 수 있는지 가르치거나 논의하는 것조차 회피하는 경향이 있다. 이런 일을 경험한 사람은 다시 고통을 겪어야 할 뿐만 아니라, 종종 자신의 실패로 치부되는 것으로 인한 정죄감까지 감당해야 한다. 이제는 이 문제를 반드시 짚고 넘어가야 할 때이다!

이 주제가 하나님의 마음속에 깊이 자리 잡고 있음을 알면서도, 글을 쓰기가 쉽지 않았다. 그래서 수년간 그분과 함께 이 문제에 대해 깊이 생각하는 시간을 보냈다. 그 이유는 두 가지이다. 첫째, 성경 어디에서도 예수님께 치유받은 사람이 그 치유를 잃어버린 사례를 찾아볼 수 없다. 둘째, 예수님이 치유받은 이들에게 건강을 유지하는 법을 특별히 가르치신 내용도 보이지 않는다. 하지만 우리가 성경 어디를 살펴봐야 할지 안다면, 그분이 우리에게 남겨주신 수많은 단서들을 발견하게 될 것이다. 그리고 그 단서들을 실천한다면, 그것들은 우리를 신성한 건강 가운데 행할 수 있게 인도해 줄 것이다.

이 책의 서문에서 코네티컷에서 열린 어느 집회에 대해 설명했는데, 그곳에는 기적을 위한 놀라운 은혜가 임해 있었다. 그날 어떤 한 사람은 육신에 23가지 기적을 받았다.

그날 밤 자고 있는데, 아버지께서 강력한 꿈으로 나를 방문하셨다. 하나님이 그 집회를 기뻐하신다는 것은 알고 있었다. 하지만 그분은 그다음 날 아침에 설교할 때 그분의 백성들에게 치유를 유지하는 법을 가르치라고 말씀하셨다. 꿈속에서 당황하며 이렇게 대답한 것이 기억난다. "그것에 대해 심지어 알지도 못하는데, 어떻게 가르칠 수 있을까요?" 그분은 이렇게 답하셨다. "그것이 지금 내가 너를 찾아온 이유다. 가르쳐 줄 테니 받아 적어라!" 꿈속에서 나는 아버지의 학생이 되어 여러 가지를 받아 적었다. 그리고 깨어나자마자 진짜 종이에 다시 적었다. 그날 아침 집회에서 내 전한 메시지가 무엇이었는지는 예상할 수 있을 것이다!

아버지께서는 내게 가르쳐야 할 매우 명확하고 구체적인 요점 다섯 가지를 주셨다. 이후 이것에 대해 몇 차례 가르쳤지만, 이 내용을 내가 직접 행하여 살아 보기 전까지는 책으로 출판하고 싶지 않았다. 그래서 이 가르침을 받고 지난 12년 동안 그렇게 행해 왔다. 치유라는 맥락에서 이 요점들에 대해 다른 사람이 이야기하는 것을 한 번도 들어 본 적이 없기에, 치유를 유지하는 것에 대한 논의와 교육이 정말 필요하다는 사실에 더욱 확신을 갖게 되었다.

더 나아가기 전에 꼭 강조해야 할 아주 중요한 점이 있다. 만약 당신이 치유를 경험했지만 증상이 재발하는 상황을 겪고 있는 사람 중 한 명이라면, 이 장을 통해 당신이나 그 누구에게도 수치심이나 죄책감을 주려는 것이 아님을 믿어 주기 바란다. 오히려 그 반대이다. 내가 이 글을 쓰는 이유는 죄책감과 수치심을 없애고, 예수님이 이미 대가를 지불하신 풍성한 삶, 온전하고 건강한 삶을 살아가도록 사람들을 격려하기 위함이다. 그 누구에게든 판단 받는 느낌을 주는 것은 내 뜻이나 의도가 아니다. 앞으로 살펴보겠지만, 나 역시 건강과 치유의 여정을 걸으며 우리가 통과하는 싸움과 몸부림에 깊은 연민을 갖게 되었다. 그러니 열린 마음으로 이 글을 읽고, 내가 그리스도의 몸인 우리가 온전함 가운데 행할 수 있기를 간절히 바랄 뿐임을 알아주기 바란다.

다시 강조하는데, 나는 기적을 사랑하기에 계속해서 그것을 추구할 것이지만, 기적만이 우리 삶을 향한 하나님의 최선은 아니라고 믿는다. 신성한 건강이 바로 그분의 최선이다. 당신에게 기적이 필요하다면, 그것을 구하고 예수님이 값을 치르신 것에서 기적을 얻어내자. 그리고 받은 기적을 잃어버렸다면, 그것을 되찾자. 하지만 그 여정 가운데 신성한 건강도 추구하기 시작하자. 나는 당신이 온전하고 신성한 건강 가운데 행함으로 전혀 기적이 필요하지 않게 되기를 기도한다.

한 가지 더 말하자면, 하나님은 치유자이시지, 치유를 거두시는 분이 아니다. 오늘 우리가 잘했다고 치유해 주시고, 내일은 실수했으니 치유를 거두어 가시는 분이 아니다. 이 책에서 여러 번 언급했듯이 중요한 것은 우리의 행위가 아니라, 예수님과 그분의 "성취", 곧 그분의 완전한 의이다. 이 중요한 진리를 우리 생

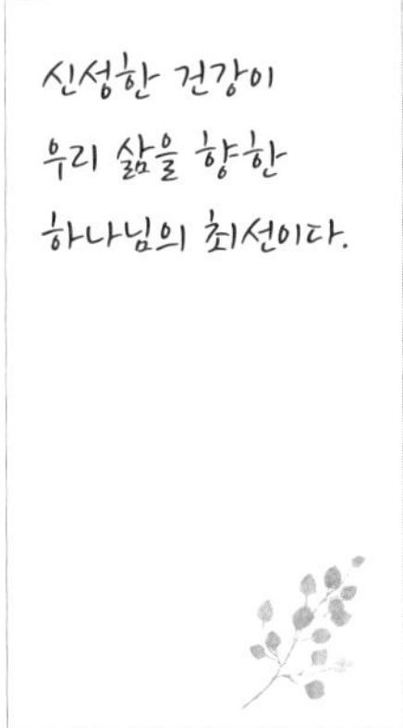

각과 사고의 합당한 위치에 회복시키고 우리가 믿는 모든 것의 중심에 십자가의 완성된 사역을 두어야 한다. 우리에게는 새로운 예수 혁명(Jesus Revolution)이 필요하다!

우리 모두가 사람들이 치유받는 모습을 보기 원하지만, 거기서 더 나아가 그들이 받은 치유를 유지하고 지키는 모습도 보아야 한다. 사람들이 치유받고도 그 기적을 간직하지 못하는 모습을 보는 것은 내 삶 가운데 가장 가슴 아픈 일들 중 하나이다. 하나님은 우리가 회복되어 건강하고 온전하게 신성한 건강 가운데 행하기를 간절히 바라신다. 청지기로서 우리가 받은 치유를 어떻게 관리해야 하는지 스스로 이해할 뿐만 아니라, 다른 이들에게도 가르쳐야 한다.

꿈속에서 하나님이 나에게 말씀해 주신 다섯 가지 원리는 은혜 이해하는 법, 평강 가운데 걸으며 두려움 피하는 법, 죄책감과 수치심 및 정죄감 다루는 법, 필요한 부분에 책임지는 법, 감사함으로 행하는 법이다. 이제 이 내용을 하나씩 살펴보자.

은혜 이해하기

"은혜"는 신약성경에 170회 이상 등장하는 말로 대부분이 사도행전과 사도들의 서신에 집중되어 있는 대단히 중요한 개념이다. 이제 아버지께서 이 주제에 대해 내게 하신 말씀을 살펴볼 것인데, 그 전에 Part 1의 내용을 다시 상기하고 몇 가지를 더 명확하게 이해할 수 있게 정리해 보자.

율법은 마땅히 받아야할 자격이 있는 자에게 주어지는 호의, 은총이다(신 28:1~15). 즉 우리가 계명을 완벽히 지킬 때에만 복을 받을 수 있다는 말이다. 반면 은혜는 받을 만한 자격이 없는 자에게 주어지는 호의, 은총이라고 표현할 수 있겠으나, 사실 그 이상이다.

또 다른 관점에서 은혜를 살펴보자. 우리가 그리스도 안에 있고 그분은 우리 안에 계시기 때문에, 은혜란 사실 우리 안에 거하시는 능력의 임재이다. 기억하라. 이제 우리는 하나님이 거하시는 처소가 되었다. 우리는 그리스도 안에 거하고 그리스도는 우리 안에 거하신다.

은혜는 내주하시는 능력의 임재로, 내가 당신을 볼 때에 당신 안에 계신 그분의 모습을 보도록 한다. 그분의 모습을 볼 수 있게 해주는 우리 안에 내주하시는 능력의 임재라는 것이다. 우리가 다른 사람을 볼 때마다 예수님을 보게 된다니, 이 얼마나 놀라운 생각인가!

우리가 진정으로 우리의 정체성을 이해하기 시작할 때, 은혜가 인격이며 그분의 이름은 예수이시고 그분 안에 있는 우리의 정체성, 곧 목적에서 결코 분리될 수 없는 분임을 깨닫게 될 것이다.

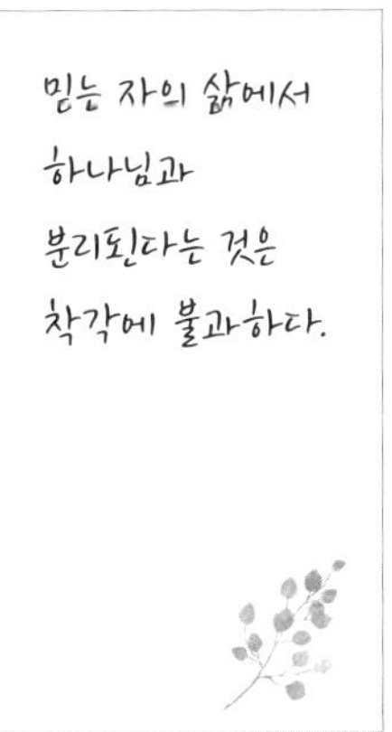

은혜를 단순히 "받을 만한 자격이 없는 자에게 주어지는 호의나 은총" 또는 죄를 가리기 위해 주어진 일종의 덮개 정도로만 생각한다면, 그것은 죄를 지었을 때만 은혜가 주어진다는 말이 된다. 이 논리를 끝까지 밀고 나간

다면, 예수님이 무언가 잘못을 저지르셔서 은혜를 받으신 것이 되기에, 그분은 우리의 구원자가 될 자격을 잃게 되신다!

많은 이들이 "의"를 겉을 감싸는 외적 덮개로 전락시켜 주로 "행위(doing)"의 개념으로 만들어 버리면서 믿는 자들의 삶에서 무엇보다도 그것이 "존재(being)"의 개념이어야 한다는 사실을 간과하게 되었다. 마찬가지로 은혜도 우리의 죄를 숨기기 위해 덮어씌우는 담요 같은 것이 아니다. 어떤 사람들은 죄를 지으면, "나는 은혜 아래 있으니까 괜찮아"라고 생각한다. 만약 우리가 은혜를 단순한 덮개로 전락시켜 버렸다면, 죄가 그 아래에서 삐져나오지 않도록 조심해야 할 것이다!

우리는 은혜라는 인격 자체이신 예수님 안에 있음을 깨달아야 한다. 그분은 죄를 알지도 못하신 분이다(고후 5:21). 그분 안에는 죄가 없었다(요일 3:5). 또한 그분은 병에 걸리지도 않으셨다. 죄와 질병에서 자유롭고 승리하는 삶의 자리가 간명하게 그분 안에 있는 우리의 본질적인 정체성과 목적을 알게 하지 않겠는가?

예수님은 단 한 번도 아프거나 병든 적이 없으신데, 어떻게 질병이 우리를 예수님처럼 만든다는 말인가?

사실 은혜는 내주하시는 하나님의 임재이며 권능인데도, 우리가 은혜를 지나치게 오해하여 그 능력을 단순한 덮개 정도로 축소해버린 것 같다. 실제로 우리가 하나님이 거하시는 처소이기에, 은혜는 우리 밖에 있는 것이 아니라, 우리 안에 있는데 말이다.

예수님은 하나님께 완벽하게 순종하셨고

우리는 그분을 믿음으로써, 곧 우리가 그분 안에 있고 우리의 정체성이 그분 안에 있음을 믿음으로써 복을 받게 된다. 십자가에서 모든 것이 바뀌었다는 사실을 이해하는 것이 매우 중요하다. 예수님은 십자가에 달려 돌아가시면서 큰 소리로 "다 이루었다!"(요 19:30)고 외치셨다. 우리를 위해 이루어져야 할 모든 일이 이미 완수되었다. 그렇다면 이것은 우리가 받은 치유를 유지하는 것과 어떤 관계가 있을까?

치유가 100% 하나님의 은혜로 이루어진다는 것을 이해하지 못하면, 우리는 항상 치유받을 자격이 있는지 판단하기 위해 우리의 수고와 행위(율법)로 돌아가게 되어 있다. 하지만 실상은 우리의 믿음이 가장 좋다고 여겨지는 날이라도 치유는 여전히 오직 그분의 은혜로 인한 것이다. 예전에는 은혜의 정의가 "받을 자격이 없는 것을 얻는 것"이었지만, 세월이 흐르며 나의 메시지도 깊어지면서 이제는 우리의 정체성에 대한 이해를 포함하게 되었다. 그래서 "예수님 안에 있기에, 그분이 마땅히 받으실 것을 내가 얻는 것"을 은혜로 여기게 되었다.

원수는 종종 진리를 잘못 적용하거나 자기 권한을 지나치게 과장함으로써 진리와 잘못된 생각을 혼합한다. 그는 다가와서 우리의 귀에 이렇게 속삭일 것이다. "오늘 아침 네가 한 행동은 그리 의로운 것이 아니었어. 그러니 너는 치유 받을 자격이 없어." 만약 당신이 원수의 목소리에 귀 기울이면서 하나님의 은혜와 그분 안에 있는 자신의 정체성에서 시선을 돌려 자신의 공로와 의, 그리고 행위에 집중하게 된다면, 당신의 치유는 오래가지 못할 것이다.

하지만 치유가 100% 하나님의 은혜로 이루어지며 우리의 행위는 0%도 기여하지 않는다는 것을 깨닫게 되면, 원수에게 이렇게 말할 수 있다. "치유가 결코 우리의 행위로 인한 것이 아니라는 사실을 알고 있으며, 우리가 그리스도 안에 있기에 우리의 행위가 아니라, 하나님의 은혜 가운데 예수님이 마땅히 받으셔야 할 것을 믿고 받아들임으로써 의롭게 되었다." 은혜의 능력은 우리가 그분 안에 있다는 사실 그 자체에 있다. (참고로 "그분 안에"라는 표현은 신약에서 146번이나 사용되었다.)

마태복음 15장에는 이방인인 수로보니게 여인이 예수님을 "다윗의 자손"이라 부르며 부르짖는 모습이 나타난다. 이것은 유대인들이 메시아를 지칭하기 위해 구별해 둔 칭호였다. 그녀는 자신이 원하는 것을 얻기 위해 유대인인 척하며 예수님께 다가갔던 것일까? 아니면 당연히 받을 자격이나 권리가 있다고 생각하고 있었을까?

우리의 공로로는 은혜나 치유를 받을 자격이 있는 것처럼 행동하며 예수님께 나아갈 수 없다. 그렇게 하면 곧바로 초점이 우리의 행위로 옮겨질 것인데, 치유는 우리의 행위가 아니라 그분의 은혜, 그분의 행위, 그리고 그분의 공로에 관한 것이다.

23절을 보면 예수님이 그녀에게 "한 말씀도 대답하지 아니하시니"라고 기록되어 있다. 어떤 교회 예배 시간에 설교자가 예수님이 그녀에게 대답하지 않으신 것은 그녀가 얼마나 절박한지 보려 하셨기 때문이라고 말하는 것을 들은 적이 있다. 나는 이와 같은 해석에 동의하지 않는데, 절박함이 치유의 조건이라면, 우리 모두가 치유받을 것이다. 절박함은 우리의 삶에 기적이 임하게 하는 필수 조건이 아니다. 많은 사람들이 절박함을 믿음으로 여기지만, 그것은 믿음이 아니다.

예수님이 행하신 첫 번째 기적을 살펴보면, 물을 포도주로 바꾸셨다. 이것은 차고 넘치는 은혜의 나타남이었다. 단순히 실제적인 필요 때문에 일어난 기적이었다. 결혼식에 포도주가 동이나 가족이 당황하게 되는 상황을 막아 주시려고 그렇게 하신 것이었다. 우리는 예수님이 이루신 일들로 인해 보좌 앞에서 자비와 은혜를 발견하게 된다. 그러므로 절박해질 때까지 기다릴 필요가 없다. 절박함 없이도 언제든지 나아가 은혜를 받을 수 있다. 사실 지속적으로 하나님의 은혜를 받을 수 있는 위치에 서 있으면, 우리가 절박한 지경에 이르는 것을 막을 수 있다.

예수님은 우리가 자신의 행위나 공로, 또는 자기 의나 절박함이 아니라 있는 모습 그대로 그분께 나아오길 원하신다. 그분은 우리가 다른 누군가의 모습으로 가장하는 것을 원치 않으신다. 그저 있는 그대로 나아오기 바라실 뿐이다. 그 외의 모든 것은 행위에 불과하다. 있는 모습 그대로 나아가는 것, 바로 참된 겸손이다! 그리고 우리가 있는 그대로 나아갈 때, 그분의 모습처럼 변화된다. 더 나아가 예수님은 우리가 믿는 자들로서 자신의 정체성을 이해하고, 그 정체성을 실천하는 삶을 살아가기 바라신다. 우리가 그분

만일 우리가
절박하다고
말한다면,
우리 안에 거하시는
그분을 인식하지
못한 것이다.

안에 있고 그분이 우리 안에 계신다는 것이 바로 우리의 정체성이며, 그분 안에는 질병이 존재하지 않는다!

우리는 그분의 은혜 안에서 살아가는 사람들이 되어야 하지만, 진정으로 그렇게 살아가려면 그것을 이해해야만 한다. 많은 사람들이 은혜를 내던지고 율법으로 돌아가는 모습을 보았다. 그들이 본 것은 은혜라 불리지만 사실 오용되거나 잘못 배운 은혜였던 것이다. 은혜는 어떤 교리나 가르침이 아니다. 인격이시다. 은혜는 "…을 할 자유"가 아니라 "…로부터 자유"이다! 은혜는 엄청난 자유와 해방, 생명, 그리고 능력을 준다. 중요한 것은 예수님이다! 있는 그대로 나아갈 때, 우리는 그분의 모습으로 변화될 것이다.

나는 사람들에게 이렇게 말해 주고 싶다. 원수가 와서 우리의 치유에 대해 도전하며 우리가 받을 선물을 행위와 연결시키려 한다면, "나의 행위와 공로가 아니라, 예수님의 공로와 그분이 치르신 대가 덕분에 치유가 내 것이 되었다!"고 큰 소리로 선포하여 원수에게 상기시켜 주라고 말이다. 이렇게 선포할 줄 안다면, 그 사람은 기적적인 치유를 유지하고 지켜낼 수 있을 것이다.

그분이 우리가
받아야할 것을
대신 지셨기에,
그분께 주어진 것을
우리가 받을 수 있게
되었다!

은혜의 진정한 능력은 우리가 예수님 안에 있다는 사실 그 자체에 있으며, 치유와 은혜는 그분이 마땅히 받으셔야 했던 것과 그분이 치르신 대가에 관한 것이다. 기억하라. 이 모든 것이 예수님에 대한 것이다!

평강

평강은 꿈속에서 주님이 내게 말씀하신 두 번째 주제였다. 이것은 기적을 유지하는 데 중요한 요소이다. 우리는 6장 "누가 당신의 친구인가?"에서 우리의 삶 가운데 두려움의 영을 다루는 법에 대해 이야기했다. 평강 가운데 살아가는 것은 두려움이 우리의 삶에 들어오는 것을 막고 우리가 받은 치유의 청지기가 되는 열쇠이다.

우리의 치유를 유지하는 중요한 요소는 증상이 재발하면 어떻게 대처해야 하는지 아는 것이다. 증상이 재발할 수 있지만, 많은 사람들이 그런 경우 어떻게 반응해야 할지 알지 못한다. 그들은 종종 첫 증상이 나타나자마자 두려움에 휩싸여 "주님이 나를 치유해 주셨다고 생각했는데, 아마도 아니었나 봐"라고 말한다. 그 거짓말에 동의하는 순간, 우리는 두려움에게 문을 열어 줌으로써 그 증상이 머물러 있게 허락한다.

그러나 우리는 일어나 진리로 원수에 맞서야 한다. 이렇게 말하라. "마귀야, 너는 나에게 그것을 다시 돌려놓을 수 없다! 주님이 나를 치유하셨다. 나는 그것을 다시 받아들이지 않겠다." 우리는 믿음 안에 굳게 서서 우리의 정체성을 아는 것에 집중하는 법을 배워야 한다. 하나님의 말씀 안에 굳건히 서는 것이 우리의 치유를 유지하는 핵심이다. 그러면 예를 들어 통증이 다시 오려 할 때 두려움이 아닌 진리로 충만하게 된다.

다시 마가복음 5장 25~34절의 혈루증 여인 이야기로 돌아가서 더 깊이 살펴보자. 이 놀라운 이야기에는 정말 많은 것이 담겨 있다. 여기서 이 여인이 예수님의 옷자락을 만지자, 그 즉시 치유받았다. 예수님은 그녀를 군중 속에서 불러내어 이렇게 말씀하셨다. "네 믿음이 너를 구원하였으니 평안히 가라"(34절). 여기서 "평안히 가라"의 실제 의미는 "평안으로 들어가라"이다. 그러므로 예수님은 단순히 "평안히 가라"가 아니라 "평강", 곧 샬롬의 차원으로 마치 집 안에 들어가듯이 걸어 들어가라고 말씀하신 것이다. 이 여인은 치유받았을 뿐만 아니라 온전함을 얻었다. 예수님이 실제로 하신 말씀은 "평강 안으로 들어가서 치유를 받으라"는 것이었다. 하지만 우리는 29절에서 그녀가 이미 치유를 받았음을 알게 된다. 원문에서 "평안히 가서 치유받으라"는 표현은 실제 의미는 "평강 안으로 들어가서 계속해서 건강을 유지하라" 또는 "평강 안으로 들어가서 계속 좋은 상태를 유지하라"이다. 바로 여기서 예수님은 우리의 치유를 유지하는 것과 관련된 가장 중요한 열쇠 중 하나를 제시해 주시는 것일 수도 있다.

예수님은 이 여인을 고쳐 주시려고 멈춰 서신 것이 아니었다. 그녀는 그분의 옷자락을 만졌을 때 이미 즉각적으로 치유받은 상태였다.

하나님은 치유자이시다. 그분은 치유를 거두시는 분이 아니다. 오늘 우리가 잘했다고 치유해 주셨다가 내일 뭔가 잘못했다고 치유를 거두어 가시는 분이 아니라는 말이다. 요한복음 10장 10절에 따르면, 죽이고, 도둑질하고, 멸망시키는 것이 원수의 사명이다. 그렇다면 원수는 우리가 방금 받은 이 놀라운 기적의 선물을 도둑질하고 싶어

할까? 당연히 그럴 것이다. 그것이 바로 그의 임무이며 사명이다!

원수는 하나님이 주신 선물을 도둑질하기 위해 온갖 수단을 동원할 것이다. 그는 심지어 거짓 증상을 일으켜 질병이 재발한 것처럼 속이려 들 수도 있다. 그러면 우리는 평강을 잃어버리면서 평강의 자리에 계속 굳건히 서 있는 것이 아니라, 즉시 두려움의 사고방식으로 되돌아가 버리고 만다. 평강의 영역(또는 집), 곧 예수님이 마가복음 5장 34절에서 "들어가라"고 말씀하신 바로 그곳에서 벗어나게 된다.

증상이 다시 나타나려 할 때 원수가 원하는 것은 무엇일까? 그는 우리가 평강의 자리에서 벗어나 "증상이 재발했으니, 사실 치유받은 게 아니었다"는 그의 거짓말에 동의하기를 바란다. 이것은 너무나 뻔한 수법임에도, 우리 중 상당히 많은 이들이 그의 계략에 넘어가곤 한다. 이것은 우리가 지나치게 행위 중심적이어서 기적을 유지할 권리를 얻을 만큼 충분히 노력하지 않았기에 하나님이 그것을 다시 거두어 가셨다고 생각하기 때문이다. 만일 원수가 당신으로 하여금 두려움에 동조하여 평강에서 벗어나게 할 수 있다면, 그는 당신을 자신이 원하는 바로 그 자리에 두는 것이다.

몇 년 전에 어느 집회에서 말씀을 전하고 있는데, 한쪽 눈이 보이지 않는 남자분이 나아와 기도를 요청했다. 그는 두 차례 기도를 받았는데, 첫 번째 기도를 받으면서는 전혀 보이지 않던 것이 희미하게 보이게 되었고, 두 번째 기도 중에는 희미하던 시야가 흑백으로 보이기 시작했다. 마지막에 나는 그에게 그저 감사만 하면서 무슨 일이 벌어지는지 지켜보라고 말했던 것으로 기억한다! 그가 일어난 일에 대해 계속 감사드렸고 그의 시력이 모든 색을 식별할 수 있게 완전히 회복되었다는 소식을 들었다. 이것이 이 이야기의 끝이었으면 좋겠지만, 안타깝게도 그렇지 않았다.

몇 주 뒤 어느 날, 그는 차를 몰고 나가다가 "넌 그럴 만한 자격이 없었어. 안 그래?"라고 하는 음성을 듣게 되었다. 나는 항상 사람들에게 이것이 진실인지 거짓인지 묻곤 하는데, 보통은 "거짓말"이라고 답한다. 그러면 나는 이렇게 말해 준다. "아니요, 그것은 일부는 진실이고 일부는 거짓입니다. 그 사람은 치유받을 만한 자격이 없었지만, 예수님은 자격이 있으셨으니까요!" 기억하라. 은혜나 치유는 예수님이 마땅히 받으셔야 할 것을 우리가 받는 것이다. 바로 여기에 은혜의 능력이 있다. 그분이 우리가 마땅한 받아야 할 것을 대신 담당하셨기에, 우리는 그분이 마땅히 받으셔야 할 것을 받을 수 있게 된 것이다.

그러므로 나는 사람들에게 다시 이렇게 묻는다. "그것은 하나님이 하신 말씀인가요, 아니면 원수가 한 말이었나요?" 그들은 이렇게 대답한다. "글쎄요, 하나님이시겠죠. 원수는 진실을 말하지 않으니까요!" 사실 이것은 그들에게 일종의 함정이 될 수 있는데, 이 질문에 대한 답이 "너는 그럴 만한 자격이 없어. 안 그래?"라는 질문 뒤에 어떤 내용이 이어지는지에 따라 달라지게 되기 때문이다.

그 남자가 들은 음성은 계속해서 이렇게 말했다. "어제 네가 무슨 짓을 했는지 기억나지?" 원수는 사실이나 부분적인 진실을 말하며 그것을 이용해 자기 권한을 지나치게 과장할 것이다. 우리의 치유를 우리의 행위와 연결시킬 수 있다면, 그는 매번 우리를 이길 수 있다!

그 남자는 전날 자신이 한 일들을 곰곰이 생각해 보기 시작했고, 바로 그 순간 차 안에서 다시 시력을 잃었다.

증상이 재발하게 되었을 경우, 반드시 평강 안에 머물며 원수가 믿게 하려는 것에 동의하지 않는 것이 정말 중요하다. 원수는 자신이 가진 모든 수단을 동원하여 우리가 받은 치유의 정당성과 우리의 가치를 의심하게 만들고, 심지어 우리가 치유받을 만한 자격이 없다고 말함으로써 자기 권세를 과장하려 할 것이다.

원수가 찾아와서 '너에게는 그럴 만한 자격이 없다'고 말할 때, 나는 사람들에게 큰 소리로 이렇게 말하라고 가르쳐준다. "네 말이 맞아. 은혜는 예수님이 마땅히 받으셔야 할 것이고 내가 그분 안에 있다!"

죄책감, 수치심, 정죄감

꿈속에서 세 번째 요점은 치유가 사라진 것처럼 보일 때 믿는 자들에게 찾아오는 죄책감, 수치심, 정죄감에 관한 내용이었다. 수년간 이러한 상황에 처한 사람들과 이야기해 보았는데, 그들은 치유를 잃어버린 것에 대한 죄책감과 수치심에 고개를 떨구고 자책하는 것 같았다. 치유를 잃어버리면서 따라오는 낙인이 있는데, 이것은 가르침의 부재에서 비롯되는 경우가 많다. 이유를 알 수 없어 무엇이 문제인지 알아내려고 자기 성찰과 자기 분석에 의지하게 되고, 이것이 결국 자신의 행위에 문제가 있는 것이 틀림없다는 결론으로 이어진다. 그리고 그런 결론에 이르게 되면, 엄청난 죄책감과 수치심을 느끼는 것은 어쩌면 당연한 일이다. 우리는 진리를 알아야 한다. 치유는 우리의 행위와 전혀 상관이 없다.

우리의 치유를 잃어버린 것처럼 보일 때, 우리에게는 도움이 필요하다. 하지만 많은 이들이 목회자를 찾아가기를 주저한다. 수치 가운데 "죄를 지었나요?" 혹은 "뭔가 잘못한 게 있나요?"와 같은 말을 듣게 될까 두렵기 때문이다. 다시 말해 우리 잘못으로 규정함으로, 우리가 이미 지고 있는 수치라는 짐을 더 무겁게 할 뿐이다. 어쩌면 목회자는 전혀 그렇게 말하지 않았을 수도 있다. 하지만 그 가능성만으로도 충분히 우리를 가로막을 수 있다. 그렇게 우리는 절망의 구렁텅이 속으로 끝없이 추락하는 악순환에 빠지게 된다.

우리에게는 복음의 좋은 소식을 제대로 알고 이해하는 믿음의 영적 아비들과 어미들이 필요하다. 하나님의 자녀들의 행위에 따라 잘못된 추측을 하고 짐작함으로써 정죄감을 주는 것을 거부하는 믿음의 양육자들이다. 오히려 자녀들을 하나님 말씀의 진리와 그리스도 안에서의 정체성 안으로 불러들이는 사람들이다.

요한복음 8장에는 서기관들과 바리새인들이 간음하다 현장에서 잡힌 여자를 예수님께 끌고 온 사건이 기록되어 있다. 이것은 단순한 고발이 아니라, 실제 현행범으로 잡혀 온 경우였다. 그들은 이렇게 말했다. "선생이여 이 여자가 간음하던 현장에서 잡혔나이다 모세는 율법에 이러한 여자를 돌로 치라 명하였거니와 선생은 어떻게 말하겠나이까”(4~5절).

우리는 예수님이 몸을 굽혀 손가락으로 땅에 무언가 쓰셨는데, 마치 듣지 못하신 것처럼 계속해서 쓰셨다는 것을 안다. 그분이 무엇을 쓰셨는지는 모르겠지만, 내 마음속에는 개인적으로 여러 가지 생각들이 있다.

이 여인은 자신이 모세의 율법을 어겼고 죽음이 임박했음을 알기에 땅에 엎드려 두려움에 떨며 흐느끼고 있었을 것이다. 첫 번째 돌이 뒤통수를 가격하기를 기다리고 있었을까?

바리새인들이 계속해서 답변을 재촉하자, 예수님은 일어나서 다음과 같이 말씀하셨다.

요한복음 8:7

너희 중에 죄 없는 자가 먼저 돌로 치라

이 얼마나 심오한 말씀인가! “너희 중에 죄 없는 자가 먼저 돌로 치라.” 예수님은 그들의 답을 기다리지 않고 다시 땅에 엎드려 계속해서 무언가 쓰셨다. 그러자 “어른으로 시작하여 젊은이까지 하나씩 하나씩” 돌을 내려놓고 떠나갔다고 한다.

그다음에 일어난 일은 바로 놀라우신 아버지와 딸의 만남이다. 놀라울 정도로 사랑이 넘치는 아버지께서는 자신의 자녀에게 다음과 같은 심오한 질문을 던지신다.

요한복음 8:10

여자여 너를 고발하던 그들이 어디 있느냐 너를 정죄한 자가 없느냐

그녀는 분명 곧 돌에 맞아 죽을 것을 알기에 두려워하며 땅에 엎드려 울고 있었을 것이다. 바로 그때 모든 것이 잠잠해지더니 부드러운 음성이 들려왔다. "여자여, 너를 고발하던 자들이 어디 있느냐? 너를 정죄하는 자가 아무도 없느냐?"

그녀는 고개를 들어 확인해야 했을 것이다. 예수님은 답을 알고 계셨다. 서기관들과 바리새인들은 모두 떠나간 뒤였지만, 그녀가 자기 입으로 그것을 고백하게 하신 것이다.

요한복음 8:11

대답하되 주여 없나이다 예수께서 이르시되 나도 너를 정죄하지 아니하노니 가서 다시는 죄를 범하지 말라

중요한 것은 예수님이 "가서 다시는 죄를 범하지 말라"고 말씀하시기 전에, 먼저 "나도 너를 정죄하지 아니하노니"라고 말씀하셨다는 점이다.

우리가 복음의 핵심을 제대로 이해하지 못하면, 기독교를 "죄 관리 프로그램"으로 전락시켜 버릴 위험이 있다. 무엇이 우리에게 자유롭게 행할 수 있는 능력을 주는가? "가서 다시는 죄를 짓지 않을" 수 있는 능력을 우리에게 주는 것은 무엇인가? 무엇이 우리에게 죄책감,

수치심, 정죄감에서 벗어날 자유를 주는가? 우리 하늘 아버지께서는 우리를 고발하거나 정죄하시는 분이 아니라는 것을 확실히 아는 것이다! 이것은 마치 앞뒤가 바뀐 것처럼 보인다. 많은 이들은 이것이 사람들에게 죄를 짓도록 허용한다고 생각하여 전하고 싶어 하지 않는다. 반면 죄책감과 수치심을 어느 정도 붙들고 있는 것이 유익하다고 여기는 이들도 있다. 심지어 죄책감, 수치심, 비난을 이용하여 사람들에게 정죄감을 주는 것을 좋아하는 이들도 있는데, 이것이 사실 사람들을 통제하는 방법이기 때문이다.

로마서 8:1, 4

그러므로 이제 그리스도 예수 안에 있는 자에게는 결코 정죄함이 없나니 … 육신을 따르지 않고 그 영을 따라 행하는 우리에게…

우리 삶 속에 있는 죄책감, 수치심, 그리고 정죄감은 더 많은 죄책감, 수치심, 정죄감만 낳을 뿐이다. 우리는 이 무거운 짐을 마치 (쇠공이 매달린) 족쇄처럼 질질 끌고 다니며, 아무도 우리의 진짜 모습을 보지 못하기를 바란다. 그러면서 어째서 교회가 이토록 병들어 있는지 궁금하게 여긴다. 심지어 의학계에서도 죄책감이 질병을 유발한다는 사실을 알고 있다. 죄책감이 하는 일은 오직 우리를 죄와 질병, 그리고 패배의 삶 속으로 더 깊이 끌고 들어가는 것뿐이다.

우리가 스스로를 판단한다면, 우리 기준이 하나님의 기준보다 높다고 말하는 것이며 스스로를 하나님으로 만드는 것이 아니겠는가? 무엇보다도 그분은 이미 우리에게 죄가 없다고 판단하셨다! 우리가 예수 안에 있기 때문이다. 속으로 스스로를 판단하는 것이 매시간은 아니더라도 날마다 반복되는 나의 일상이었다. 무슨 잘못을 저지르든 너무도 괴로웠기 때문이다. 그것은 마치 "누군가는 벌을 받아야 하는데, 그건 분명 나야"라고 하는 것과 같았다. 하지만 이것은 복음이 아니다. 예수님은 나와 당신을 위해 이미 벌을 받으셨다. 그분은 십자가에서 우리의 죄와 질병을 짊어지셨을 뿐만 아니라, 우리의 죄책감과 수치심, 정죄감까지도 담당하셨다. 하나도 빠짐없이 모두 말이다.

진리를 아는 것이 나를 자유롭게 해 주었다. 만일 죄와 중독, 종교, 질병, 죄책감, 수치심, 그리고 정죄감에 매여 살아가고 있다면, 그 모든 것으로부터 자유로워져서 아버지께서 당신을 위해 예비해 놓으신 모든 것을 누리게 되기를 기도한다. 그분은 우리에게서 그 모든 속박을 제거해 주고 싶어 하신다! 예수님은 이미 대가를 치르셨고, 하나님은 우리가 자유롭게 되기를 원하신다!

죄책감, 수치심, 그리고 정죄감은 그리스도의 몸을 서서히 파괴해 왔으며, 이제 우리가 이것을 해결해야 할 때이다. 나는 질병이 다시 찾아오려 할 때, 자기 성찰에 매달림으로써 죄책감이나 수치심에 빠질 위험을 감수하지 말라고 사람들에게 말한다. 대신 그들은 진리와 도움을 구해야 한다.

책임

아버지께서 내게 말씀해 주신 네 번째 요점은 치유에는 책임이 따른다는 것이었다.

사도행전 3장 6절에서 베드로와 요한이 성전 문에 있을 때, 베드로는 걷지 못하는 자에게 "일어나 걸으라"고 말했다. 치유받을 때, 우리에게는 일어나 걸어야 할 책임, 곧 그 치유를 삶으로 살아낼 책임이 있다. 때로는 우리가 기도해 주는 대상이 오히려 병든 상태로 있고 싶어 하는 것처럼 느껴질 때가 있다. 어째서 그런 것일까? 질병이 그 사람의 정체성이 되어버렸거나 질병 때문에 얻을 수 있는 혜택에 익숙해져 버렸기 때문이다. 치유받게 되면 그들의 생활 방식을 바꾸거나, 직장을 구하거나, 질병으로 얻을 수 있는 경제적 혜택들을 포기해야 할 수도 있다. 그들은 치유받는다는 생각 자체는 좋아할지 몰라도, 그 뒤에 따라오는 책임, 곧 삶의 방식을 변화시키는 것은 원하지 않는다. 변화를 생각하는 것보다 질병과 함께하는 것이 더 편안한 것이다.

중요한 것은 질병이 우리의 정체성을 규정할 수 없다는 점을 기억하는 것이다. 우리의 정체성은 오직 그리스도 안에, 그리고 그분이 십자가에서 치르신 대가에 있다. 예수님은 우리를 위해 저주가 되심으로써 모든 저주에서 우리를 구속하셨다(갈 3:13). 우리의 정체성은 그분 안에, 한 번도 병든 적이 없으신 그분 안에 있다. 우리의 정체성은 우리가 하나님의 자녀라는 것이다.

감사

하나님이 꿈에서 말씀해 주신 다섯 번째 요점은 감사의 중요성이었다.

누가복음 17장을 보면, 열 명의 나병 환자가 예수님께 나아온다. 예수님은 그들 모두를 고쳐 주셨지만, 오직 한 사람만이 돌아와서 감사드렸다. 나머지 아홉 명도 육신의 치유를 받았지만, 돌아온 이 사람만 영, 혼, 육의 온전한 치유(sozo, 소조)를 받게 되었다(눅 17:19).

감사는 언제나 하나님의 나라를 확장시킨다. 우리는 아무리 사소한 일이라도 이미 일어난 일들에 지속적으로 관심을 기울이며 그것에 감사드려야 한다. 우리는 모두 누군가가 즉각적으로 치유받는 "극적인" 기적을 좋아하지만, 치유는 시간이 걸리는 과정인 경우가 많다. 그리고 계속해서 치유를 받는 가장 좋은 방법은 이미 일어난 일에 집중하며 그것에 대해 지속적으로 감사드리는 것이다.

감사하는 삶의 방식은 우리의 치유를 유지하는 데 대단히 중요한 부분이다. 작은 것이라도 우리가 받은 돌파에 항상 감사한다면, 그것을 유지할 뿐만 아니라 훨씬 많은 돌파들을 얻게 될 것이다. 우리 삶의 모든 돌파는 그것이 아무리 작고 사소해 보여도 기적이다. 우리는 눈에 띄는 극적인 것만 구하다가 기적을 놓치지 않도록 주의해야 한다. 감사함으로 행하는 법을 배우고 기적이 늘

극적인 것만
구하다가
기적을 놓치지 말라.

어나고 확장되는 모습을 지켜보라!

앞서 특별한 은혜가 임하고 수많은 기적들이 일어났다고 언급한 코네티컷 집회에서 어느 젊은 여성이 예배 후 나를 찾아와 사역을 요청했다. 그녀는 턱 수술을 받던 중 메스가 미끄러지면서 혀의 신경이 절단된 상태였다. 혀 신경은 감각신경이었기에 혀의 모든 감각을 잃어버렸고, 다시 말하는 법을 배우기 위해 재활 치료를 받아야 했다.

안타깝게도 신경 복원을 위한 추가 수술은 상황을 더욱 악화시켰고, 세 번째 수술도 실패하면서 그녀는 결국 미각까지 상실하게 되었다. 더 심각하고 끔찍한 것은 특정 음식이 혀에 닿으면, 맛을 느낄 수 없음에도 머리에서 비명을 지를 듯한 극심한 통증이 발생한다는 것이었다.

내가 그녀에게 사역을 해주었지만, 아무런 변화도 나타나지 않았다. 두 번째로 사역을 한 후 그녀에게 달라진 점이 있는지 물었더니, 여전히 없다고 답했다. 하지만 그녀는 평소와 달리 목에 따끔거리는 느낌이 있다고 말했다.

치유 사역자로서 나는 무엇을 구하고 있는 걸까? 앞서 말했듯이 나는 눈에 띄는 극적인 것만 구하다가 기적을 놓치고 싶지 않다. 나는 무엇이든 감사할 만한 것을 찾고 있다. 그녀에게 필요한 치유와 직접적인 관련이 없는 것처럼 보이더라도 무언가 있었다는 말을 들었을 때, 그녀의 기적이 펼쳐지고 있다는 것을 알았다. 나는 즉시 기도를 감사기도로 바꾸어 다시 사역하면서 그녀에게 "따끔거리는 것에 감사드리며 무슨 일이 일어나는지 지켜보자"고 격려했다. 그리고 감사하는 것의 중요성을 그녀에게 설명해 주었다.

그날 밤, 그녀는 어머니가 운전하는 차를 타고 집으로 돌아가면서 따끔거리는 것에 대해 지속적으로 감사드렸다. 집으로 가는 차 안에서 여전히 감사드리고 있는데, 갑자기 그녀의 혀가 온전하고 완벽하게 회복되었다. 그녀는 소리를 지르기 시작했다. 이번에는 통증 때문이 아니라 수년간의 고통이 끝났다는 것을 깨달았기에 순수한 기쁨의 외침이었다. 다음 날은 토요일이었는데, 그녀는 그날 아침에 집회 장소로 뛰어들어 와 자기 이야기를 들려주며 몇 년 만에 처음으로 딸기 맛을 느꼈을 뿐만 아니라 비명을 지를 만큼 끔찍한 통증 없이 맛있게 먹을 수 있었다고 덧붙였다.

우리가 치유의 기적을 받고 유지하는 데 감사의 능력이 얼마나 중요한지 이해하기만 한다면 얼마나 좋을까! 나는 사람들에게 항상 이렇게 묻는다. "당신이 믿고 있는 그 기적이 실제로 당신의 삶에 일어나는 시점은 언제이며, 그것에 감사드릴 준비가 되는 시점은 또 언제인가?" 이 젊은 여성의 경우, 그녀의 혀에 기적이 일어난 것은 목구멍이 따끔거릴 때였을까 아니면 집으로 가는 차 안이었을까? 하지만 사실 그 기적은 그보다 훨씬 전에 십자가에서 일어난 것이 아닐까?

만일 우리의 하늘 아버지께서 시간 밖에 계신 시간을 초월하신 분이라면, 이미 기적이 일어난 것처럼 감사하는 것이 가장 좋지 않을까? 그 일은 이미 예수님의 등에 고통스러운 채찍질을 가해졌을 때 이루어졌기 때문이다.

베드로전서 2:24

친히 나무에 달려 그 몸으로 우리 죄를 담당하셨으니 이는 우리로 죄에 대하여 죽고 의에 대하여 살게 하려 하심이라 그가 채찍에 맞음으로 너희는 나음을 얻었나니

우리는 이미 치유받았다. 이것은 과거 시제이다. 피로 물든 십자가 위에서 이미 이루어진 일이라는 말이다. 우리는 우리를 위해 이미 예비된 것들에 대해 감사하며 살아가기로 선택하는 법을 배워야 한다. 우리에게 필요한 기적이 나타날 때까지 기다렸다가 감사하기보다는 십자가와 과거에 치러진 대가로 치유가 현재 우리의 것이 되었다는 사실에 감사하는 자들이 되자!

6장에서 2015년에 여러 가지 심각한 정신질환에서 치유받은 베벌리라는 여성의 극적인 이야기를 들려주었다. 그녀는 다중인격장애(DID), 외상 후 스트레스 장애(PTSD), 플래시백, 자신의 몸에 대한 끔찍한 수치심, 신체 이형 장애(BDD)로 고통받고 있었고, 여러 차례 자살을 시도했으며, 사탄 숭배 의식의 피해자이기도 했다. 2023년 5월 스위스 신교 여행 중, 다행히 베벌리와 다시 연락이 닿아 그녀를 만날 수 있었다. 지금 그녀가 온전한 정신으로 완전히 치유된 모습을 보니 너무나 기뻤다. 내가 만난 사람들 중 베벌리만큼 정신적으로 고통받은 사람은 극소수에 불과하다. 지금도 그

우리의 하늘 아버지께서 시간을 초월하신 분이라면, 이미 기적이 일어난 것처럼 감사하는 것이 가장 좋지 않을까?

녀는 여전히 온전히 치유를 유지한 상태이며, 예수님으로 충만하고, 그 눈이 그분의 빛과 생명으로 반짝이는 모습을 보니 놀라움 그 자체였다!

우리는 예수님이 그녀의 삶에 행하신 일을 나누며 축하하는 시간을 가졌고, 그녀는 2015년 당시 일어난 일을 나에게 자세하게 들려주었다. 그날 밤 사역을 받은 후, 별다른 변화가 느껴지지 않았지만, 감사하는 마음으로 집회 장소를 떠났다. 심지어 그녀는 여전히 아무런 변화도 느껴지지 않고 증상도 계속되고 있었음에도, 사흘 동안 감사드렸다고 한다. 단순히 감사만 드린 지 사흘째 되던 날, 갑자기 그녀는 번개가 머리를 관통하는 듯한 느낌을 받았고, 그 순간 자신이 온전해졌음을 깨달았다. 이것이 바로 감사의 힘이다! 우리가 예수님이 십자가에서 이미 대가를 치르신 일에 집중하며 감사할 때, 하나님의 나라는 항상 확장된다.

오늘날 베벌리는 심리치료사 자격을 취득하여 자신의 자선단체를 운영하며 사람들에게 사역하면서 그들이 정신적 고통에서 해방되는 모습을 보고 있다. 이것이 바로 복음이다. 예수님이 마태복음 10장 8절에서 말씀하신 것처럼, 우리가 거저 받았으니 거저 베풀자.

Chapter 14

신성한 건강

우리 삶을 향한 하나님의 최선

사역 가운데 천국의 능력이 풀어지면, 나는 그 현장을 직접 목격하는 기쁨을 누리게 된다. 그리고 그 과정이 조금 더 오래 걸리는 경우에는 나중에 그들의 이야기를 전해 듣게 되는 경우가 많다. 나는 사람들의 경험을 대략 세 가지로 분류하는데, 기적(보통 즉각적인 치유), 창조적인 기적(신체 일부가 없어 재창조가 필요한 경우), 치유가 그것이다. 여기서 치유란 일정 기간에 걸쳐 삶 가운데 점진적으로 이루어지는 과정을 말한다. 그들이 어떤 방식으로 만지심을 경험하든지, 나는 고통 받는 사람들에게 깊은 연민을 느끼며, 그들이 해방되어 온전해지기를 간절히 바란다. 내가 이렇게 갈망하는데, 사랑의 아버지께서는 얼마나 더 간절히 원하시겠는가!

고통과 질병은 단순히 과대평가된 것에 불과하다. 우리는 모두 삶 가운데 이것을 어느 정도 겪어 왔으며, 대개 이것을 "삶의 자연스러운 일부"로 여긴다. 하지만 하나님의 사람들이 일어나 질병을 "정상적인 것"으로 용인하거나 심지어 마치 하나님의 축복인 것처럼 여기는 것을 멈춘다면 어떤 모습이 될까? 최근 나는 인생 최악의 고통들을 경험하며 몸부림쳤다. 그 경험은 내게 새로운 관점을 주었고, 온갖 통증, 특히 만성 통증으로 고통 받는 이들에 대한 긍휼을 새롭게 해주었다. 물론 내가 그 고통으로부터 교훈을 얻은 것은 분명하지만, 그렇다고 그것이 하나님이 교훈을 주시려고 그것을 보내셨다고 말하는 것과는 거리가 멀다.

나는 사람들이 치유받는 모습을 보는 것을 너무나 좋아하지만, 아예 병들지 않아서 그들이 치유받는 모습을 볼 필요가 없는 편이 훨씬 더 좋다. 기적이 아무리 놀라워도 우리를 향한 하나님의 최선은 그 이상이라고 믿는다. 그분이 주시는 최고의 선물은 바로 신성한 건강이다. 그럼에도 불구하고 우리에게 치유의 기적이 필요하다면 물론 나는 반드시 그것을 구할 것이다!

질병과 통증은 다른 많은 파장을 몰고 온다. 그것은 가난을 가져오며, 재정 같은 물질적인 것에서 우리의 평강과 기쁨에 이르기까지 우리 삶의 모든 영역에서 도둑질하고 죽이고 멸망시키려 한다. 더 나아가기 전에 이것을 분명히 인식하도록 다시 한번 기억하자. 질병과 통증은 하나님이 보내신 것이 아니다. 예수님은 다음과 같이 말씀하셨다.

요한복음 10:10

도둑이 오는 것은 도둑질하고 죽이고 멸망시키려는 것뿐이요 내가 온 것은 양으로 생명을 얻게 하고 더 풍성히 얻게 하려는 것이라

이번 장을 이해하는 관점을 제시하기 위해 나의 개인적인 경험을 들려주려 한다. 이것은 내가 스스로 책임지는 것과 신성한 건강을 추구하는 것, 이 두 가지를 직접 실천하며 사는 것에 좋은 예시가 될 것이다. 사람들에게 수치심이나 죄책감을 느끼게 하는 것은 내 의도가 아니지만, 오늘날의 문화에서는 이런 이야기를 하는 것조차 정치적 올바름(PC주의: Political Correctness)에 위배된다고 여겨지기도 한다! 내 이야기를 시작하기 전에, 먼저 이것은 나의 건강과 관련된 여정을 설명하는 것이지, 어떤 식으로든 당신의 상태나 상황을 진단하려는 것이 아님을 이해해 주기 바란다. 당신의 상황은 나와는 매우 다를 수 있다. 이것은 단순히 나에게 일어난 일일 뿐이다.

나는 뉴질랜드의 어느 작은 마을에서 자라면서 아주 어린 시절부터 천식으로 고생하다가 마흔 살이 되어서야 치유받았다. 어린 시절에는 수도 없이 생명이 위태로운 상태로 병원 신세를 졌고, 의사들이 내가 그날 밤을 넘기지 못할 것이라며 포기한 경우도 여러 번 있었다. 나의 천식은 통제 불능 상태인 경우가 많았고, 40년 동안 엄청난 양의 약물을 투여 받았다. 오늘날 의학이 큰 진전을 이루어 천식 환자를 돕고 있는 것이 정말 다행이라고 생각한다.

마흔 살이 되던 해에 정기 건강검진을 받기 위해 주치의를 찾아

갔고, 평소처럼 혈액 검사를 받게 되었다. 며칠 후 그는 전화로 나의 당화혈색소(HbA1c) 수치가 매우 높다는 불안한 소식을 전해 주었다. 현재 나의 혈당 수치가 정상보다 높게 유지되고 있으며, 아직 본격적인 제2형 당뇨병으로 발전할 정도는 아니지만 심각한 건강 상태, 즉 당뇨 전단계(prediabetes)에 와 있다는 것이었다. 하지만 그는 나에게 어떠한 해결책이나 치료 선택지도 제시하지 않았다. 다만 내가 체중을 감량하려고 노력하고 있는 것을 알고 있으니, 계속 열심히 하라는 말뿐이었다.

나는 분명 체중 감량을 위해 열심히 노력하고 있었다. 당뇨병 전단계라는 진단을 받기 몇 달 전에 어느 날 아침 체중계에 올라섰다가 99.99kg이라는 숫자를 보고 깜짝 놀랐다. 정상 체중보다 무려 25kg이나 더 나가는 것이었다. 그날 나는 스스로 다짐했다. '이제 더 이상은 안돼!' 의사를 만났을 즈음에는 이미 하루에 10km 정도를 달리고 있었고 체중도 95kg까지 줄어 잘하고 있다고 생각하고 있었다. 그럼에도 내 삶에 당뇨 전단계라는 새로운 현실이 닥쳤는데, 그것을 관리하기 위한 실질적인 도움이나 조언도 없이 진료실을 나오면서 적지 않은 패배감을 느꼈다.

포기하는 성격이 아닌 나는 검색을 해보고 우리 동네에 있는 대체의학 전문의를 찾아갔다. 첫 번째 진료를 받던 날 아침, 너무 지치고 피곤해서 눈을 좀 붙였으면 좋겠다고 생각하며 그녀의 진료실에 앉아 있었던 것이 기억난다.

그녀가 어떻게 오게 되었는지 묻기에, 당화혈색소 수치가 충격적으로 나왔다고 설명하면서 무엇이든 내가 할 수 있는 일이 없는지 물었다. 그녀는 바로 답하지 않고, 그 외에 다른 문제는 없는지 물었다. 나는 천식에 대해 말했지만, 그녀는 그 답변에 만족하지 않는 듯 또 다른 건 없는지 물었고, 나는 없다고 대답했다. 그때쯤 나는 그녀가 내 속을 꿰뚫어 보는 것 같다는 느낌이 들기 시작했는데, 그녀는 날카로운 질문을 하나 더 던지며 그것을 확인시켜 주었다. "정말 그게 다인가요?" 몇 차례 더 재촉한 끝에, 마침내 나는 숨기고 싶었던 어두운 비밀을 고백하게 되었다. "가끔은 솔직히 감당하기 힘들다고 느껴질 때가 있어요. 마치 피할 수 없는 어두운 먹구름이 나를 향해 다가오는 모습이 보이는 것 같아요. 그 구름이 때로는 몇 시간, 혹은 며칠 동안 내 머리 위에 머물러 있는 것 같은데, 그러다가 몇 시간 혹은 며칠 동안 사라졌다가 다시 돌아오곤 해요." 수치심에 고개를 숙인 채, 마침내 내가 우울증에 걸렸다는 사실을 인정했다. 이상한 점은 그렇게 고백하자, 내가 생각했던 것처럼 깊은 어둠 속으로 빠져 들어가는 대신, 오히려 안도감이 들었다는 것이다. 진실을 털어놓는 것만으로도, 너무나 큰 수치심에 숨겨 놓았던 내 마음의 한 구석에 빛이 비치는 것 같았다.

그녀는 혈액 샘플을 채취하여 여러 가지 검사를 한 뒤, 집에 가서 앞으로 2주 동안 내 입으로 들어가는 모든 음식을 기록하라고 지시했다. 나는 항상 식단 관리를 꽤 잘 한다고 생각하고 있었는데, 그 생각은 2주 뒤에 완전히 바뀌었다.

두 번째 방문했을 때, 그녀는 내 몸에 글루텐 불내증(Gluten

Intolerance)이 있다면서 그것이 내가 호소한 브레인 포그(Brain Fog, 머리가 멍한 상태, 뇌가 흐려진 느낌)의 원인일 가능성이 높다고 알려 주었다. 나는 새로운 소망과 글루텐 프리(gluten-free) 식단을 실천하기 위한 지침을 가지고 병원을 나왔다.

나는 글루텐이 무엇인지도 몰랐고, 우리가 매일 먹는 음식에 얼마나 널리 퍼져 있는지는 더더욱 알지 못했기에, 그것을 나의 식단에서 제거하는 것 자체가 하나의 공부였다. 처음에는 쉽지 않은 도전이었지만 끈기 있게 버텼고, 며칠 만에 뭔가 달라진 느낌이 들어 아내인 리즈(Liz)에게 뭔가 변화가 있다고 말했다. 날이 갈수록 지속적으로 획기적인 변화들이 나타났다. 머리에 안개가 낀 것 같은 증상 없이 일주일이 지나갔고, 어느 날 문득 내가 천식 흡입기를 마지막으로 사용한 지 무려 2주가 지났다는 사실을 깨닫게 되었다! 그 당시의 나를 알았다면, 이것이 얼마나 중요하고 의미 있는 일인지 깨닫게 될 것이다. 글루텐 프리 식단을 시작하기 전까지는 밤마다 천식 발작 없이 잠을 잘 수 없었다. 2010년, 내가 글루텐 섭취를 중단한 바로 그날이 마지막으로 흡입기를 사용한 날이 되었다. 그날은 또한 브레인 포그가 걷히고 다시는 돌아오지 않은 날이기도 했다.

이것도 대단한 일이지만, 나의 건강 여정은 아직 끝나지 않았다. 몇 년 후, 나는 일곱 개의 박사 학위를 가진 아주 놀랍고도 유명한 의사 한 분을 주님께 인도하는 기쁨을 누렸다. 함께 기도한 후 그가 눈을 뜨고 나를 똑바로 바라보며 이렇게 말했다. “제가 누군지 아십니까?” 그 당시 나는 그 사람에 대해 전혀 몰랐다. 그는 자신을 소개한 뒤 이어서 나에게 이렇게 말했다. "당신은 건강하지 않아요. 당신의 체중과 체형을 관리하지 않으면 오래 살지 못할 겁니다!" 그의 말투가 거의 모욕적으로 느껴질 만큼 직설적이었기에 나는 꽤 충격을 받았지만, 어쩌면 그런 것이 나에게 필요한 것이었을 수도 있다. 나는 나름대로 꽤 건강하게 먹고 있다고 생각한다고 그에게 말했지만, 그 상황에서 벗어날 수는 없었다. 그는 나에게 이렇게 말했다. "당신이 무엇을 건강하다고 생각하는지 나는 신경 쓰지 않습니다. 지금 효과가 없으니까요!"

나는 침착함을 유지하려 노력하며 답변했다. "내가 지금 건강하게 먹고 있는 게 아니라면, 정확히 어떻게 먹어야 하는지 잘 모르겠네요." 그는 여전히 직설적으로 말했다. "그게 바로 내가 지금 여기 있는 이유입니다. 이제 내가 당신의 주치의입니다. 진료비는 청구하지 않겠지만, 당신의 삶을 바꾸는 법을 알려 주겠습니다." 그는 2형 당뇨병은 나이가 들면 저절로 생기는 병이 아니라 생활 방식의 선택, 곧 생활 습관과 연관되어 있다고 말했다. 뜨끔했다!

그보다 몇 년 전 글루텐을 끊었을 때에는 글루텐을 쌀 같은 다른 고탄수화물 곡물로 대체했을 뿐이었다. 그리하여 식단을 시작할 당시의 99.99kg보다는 체중이 줄었고 천식과 브레인 포그도 사라졌지만, 여전히 과체중에 당뇨 전단계였다.

이것이 내 삶과 건강의 전환점이 되어 새 주치의의 지시에 따라 건강 여정의 새로운 단계가 시작되었다. 체중은 꾸준히 줄어서 20kg이 더 빠졌다. 그 의사와는 결국 연락이 끊겼지만, 샌디에이고에서 공인 건강 코치 자격증을 가진 또 다른 의사를 찾았다. 그녀가 내 삶을 바꾸는 과정을 지속시켜 주었기에 지금까지도 그녀에게 깊이 감사하고 있다. 그녀는 나를 재교육하여 전통적인 대부분의 의사나 심지어 영양사들조차도 알려 주지 않을 뿐더러 어쩌면 알지도 못할 것들을 가르쳐 주었다. 그녀의 전문성은 단순히 "균형 잡힌 식단"을 처방해 주는 수준을 훨씬 뛰어넘는 것이었다. 물론 식단도 나름의 도움이 되겠지만, 나를 포함하여 많은 이들이 겪고 있는 만성적인 건강 문제를 해결하는 데에는 거의 도움이 되지 않는다.

내가 받은 새로운 생활 방식에 대한 조언을 나누기 전에, 이것이 내 이야기를 들려주는 것에 불과하다는 것을 명심하기 바란다. 나에게 효과가 있던 것이 당신에게는 동일한 효과가 나타나지 않을 수도 있고, 또 어떤 이들은 이 내용에 아예 동의하지 않을 수도 있다. 항상 그렇듯이 나는 내 생각을 강요하고 있는 것이 아니다!

이 모든 과정은 내가 직접 실천하며 건강에 대해 스스로 책임을 지도록 요구했다. 그래서 나는 그렇게 했다. 건강 코치의 지시에 따라 나는 모든 설탕, 뿌리채소, 우유, 빵, 쌀 및 기타 곡물을 제거하였으며, 건강한 지방, 적당한 단백질(체중 1kg당 하루 1g)만 섭취하고 정제된 탄수화물은 아예 먹지 않았다. 또한 순수한 올리브 오일, 아보카도 오일, 코코넛 오일 제외한 모든 기름을 제거했다. 카놀라유, 식물성 오일, 땅콩 기름 등 다른 많은 기름들은 우리 몸에 염증을 유발한다는 것이 현재 알려져 있기 때문이다. 외식할 때에는 따로 저온 압착한 엑스트라버진 올리브 오일을 요청해야 한다는 것도 알게 되었다. 대다수의 식당에서 비용 절감을 위해 올리브 오일을 값싼 식물성 오일과 섞어 사용하기 때문이다. 배워야 할 것이 정말 많았고 때로는 새로운 생활 방식이 너무 불편하기도 했지만, 내 건강에 책임을 져야 한다는 것을 알기에 다시 인내하며 버텼고, 그렇게 하길 정말 잘했다고 생각한다. 혈당이 정상으로 돌아왔고, 더 이상 당뇨 전단계도 아니다.

개인적인 경험과 수년간 사역한 수천 명의 삶을 관찰한 결과, 오늘날 우리가 직면하는 건강 문제들 대다수가 우리가 몸속에 무엇을 집어넣는지, 그리고 우리 몸을 어떻게 돌보고 돌보지 않았는지에 따른 결과라는 점이 분명해졌다. 내 이야기가 그 예인 것은 분명하다. 내가 먹고 있던 음식들이 상당히 심각한 상태를 초래하고 있었기 때문이다. 또 다른 예로는 내가 기도해 준 많은 이들이 있는데, 이들은 자신의 몸이 감당할 수 있는 수준 이상을 지탱하느라 허리나 무릎, 혹은 발에 문제가 있었다. 이 외에도 내가 들 수 있는 사례는 훨씬 더 많다.

앞서 말했듯이 나는 단순히 (필요할 때마다) 기적을 구하고 받는 수준이 아니라, 신성한 건강이 우리 삶을 향한 하나님의 최선이라고 믿는다. 이러한 삶을 살아가려면, 청지기로서 우리의 삶을 관리해야 한다. 즉 우리의 생활 방식을 일부 조정하여 스스로 어떤 조치를 취해야 할 수도 있다는 말이다. 나는 항상 기적을 추구하겠지만, 어떤 질환의 근본적 원인을 해결하지 않으면 증상은 재발할 수 있다. 이전 장에서 다룬 원수의 거짓말 때문이 아니라, 단지 우리 몸이 특정 자극에 특정 방식으로 반응하도록 만들어졌기 때문이다. 알약 하나로 증상을 가리는 것이 훨씬 쉬운 인스턴트 세상에서 질병의 실제 원인을 해결하기 위해 시간과 노력을 기울이려면 우리의 사고방식에 상당한 변화가 필요할 수 있다. 하지만 직접 경험해 본 사람으로서 그럴 만한 가치 있는 일이라는 것을 나는 안다.

사역을 받으러 누군가 오면, 나는 결코 그 사람을 판단하거나 그들의 이런 상황에 이르게 된 원인을 분석하려 하지 않는다. 나는 언제나 하나님의 눈으로 그 사람을 바라보아야 한다! 항상 그 상황이나 사람을 향한 하나님의 사랑과 은혜, 그리고 긍휼로 나를 채운다. 나는 오직 십자가의 능력을 그들의 상황과 환경에 가져와 그들이 치유받는 모습을 보게 될 것만 생각한다. 이것이 바로 아버지의 마음이기도 하다! 치유 사역자로서 내 역할은 내게 오는 이들에게 생활 방식이나 체중, 그 외의 것으로 도전을 주는 것이 아니다. 내 역할은 단순히 예수님의 능력으로 사역하고 그 시점에 그들에게 필요한 기적을 가져다주는 것이다. 내가 근본적인 문제들을 다루며 건강하게 살아가는 것에 관한 나의 관점을 제시하는 것은 이러한 책이나 어떤 단체에서 가르칠 때뿐이다. 나는 분명 이 주제에 대한 열정이 있는데, 내가 직접 그것을 경험했기 때문이다. 하지만 이것이 개인적인 공격이나 죄책감과 수치심을 지우는 것처럼 보이지 않도록 확실히 하고 싶다.

또 우리는 절대로 스스로를 "소수의 죄인"처럼 느껴서는 안 된다. 그것을 인식하든 그렇지 않든, 우리 중 상당수가 그러한 상황을 겪고 있기 때문이다. 내가 경험한 당뇨 전단계를 예로 들어 보자. 미국의 성인 약 9,600만 명, 즉 3명 중 1명 이상이 당뇨 전단계라는 사실을 알고 있는가? 더 심각한 것은 당뇨 전단계인 이들 중 80% 이상이 자신이 그런 상태라는 것을 알지 못하여 도움을 구할 수도 없다는 것이다. 이 놀라운 통계는 미국 인구의 98%가 영양가 없고 양만 많은 정제 탄수화물(파스타, 흰 빵, 쌀, 제과류, 가공 스낵, 사탕류, 설탕이 든 음료 등)이 주가 되는 형편없는 식단을 섭취하고 있다는 사실과 직접적으로 연결된다. 이런 곤경에 처한 것은 미국인만이 아니다. 전 세계의 선진국 대부분이 동일한 문제를 겪고 있다.

많은 경우 당뇨는 과체중이나 주로 앉아서 일하는 생활 방식에 의해 유발되며, 이 두 가지 모두 우리 몸에 상당한 손상을 입힐 수 있다. 우리는 의사를 찾아가 당화혈색소 수치를 낮추는 데 도움이 되는 알약을 처방받지만, 현실은 그 문제를 더 높은 절벽 위로 밀어 올리고 있을 뿐이다. 결국 더 크게 추락하게 될 것이며, 이것은 피할 수 없는 결과를 잠시 미뤄 둔 것에 불과하다.

전에 만성 2형 당뇨병을 앓던 여성을 위해 기도했는데 기적적으로 치유받은 적이 있다. 안타깝게도 그녀는 상당한 과체중이었고, 기적을 받은 이후에도 자신의 식습관을 전혀 바꾸지 않았다. 오히려 더 악화되었는데, 당뇨병이 사라졌으므로 자신이 원하는 대로 먹어도 된다는 일종의 해방감을 느꼈고, 실제로 그렇게 했다. 그리고 6개월 만에 그녀의 당뇨병은 재발했다.

마가복음 4장 35~41절에서 예수님은 폭풍 가운데 제자들과 함께 갈릴리 바다를 건너가신다. 이 이야기에서 흥미로운 점은 예수님이 39절에서 배를 집어삼킬 듯 위협적인 파도가 아니라 바람을 꾸짖으셨다는 것이다. 나는 우리가 바람(원인)을 해결하는 데 시간을 할애하기보다는 알약 한 알을 복용함으로써 파도(증상)에 집중하는 데 지나치게 많은 시간을 쏟고 있는 게 아닌가 하는 생각이 든다. 하지만 예수님은 그 원인에 직접 다가가셨다. 파도는 그저 부수적인 현상에 불과했다.

캘리포니아 레딩에 있는 벧엘 교회에서 치유 사역 감독자로 있는 동안 토요일 아침마다 치유실을 운영했다. 매주 토요일 전 세계에서 사람들이 치유를 받기 위해 찾아왔다. 치유실 운영의 일환으로 우리는 청지기로서 건강을 관리하는 것에 관한 수업도 진행했다. 이 수업에는 건강과 올바른 식습관에 관한 짧은 세션이 포함되어 있었다. 그런데 젊은 스태프 중 한 명이 이 내용을 가르치고 싶어 하지 않았다. 그는 신성한 건강이 영양 섭취에 달려 있는 것이 아니라, 무엇이든 우리가 원하는 대로 먹어도 여전히 건강할 수 있다고 믿었던 것이다.

내가 보고 겪은 모든 것을 고려할 때, 그런 사고방식이 그다지 마음에 들지 않았다! 당시 그는 겨우 스무 살이었고, 자신의 잘못된 식습관이 초래할 필연적인 결과로 고통 받기까지는 아마 갈 길이 많이 남아 있었을 것이다. 하지만 모두가 그렇게 운이 좋은 것은 아니기에, 자기 건강에 대한 한 사람의 무관심한 태도가 다른 이들을 실패로 몰아넣을 수 있다는 점이 걱정되었다. 현재의 부주의가 나중에 심각한 건강 문제로 이어질 수 있다. 나이와 상관없이 청지기로서 건강을 관리하는 것을 가볍게 여겨서는 안 된다. 당장은 건강하게 느껴져도, 우리 모두 나중에 더 건강해질 수 있는 조치들을 지금부터 실천할 수 있다.

나는 나이가 들수록 건강과 체력을 관리하는 데 더 많은 노력을 기울여야 한다는 것을 깨달았다. 나는 우리가 마주하는 많은 질병들이 노화로 인한 퇴행성 질환이 아니라, 오히려 우리의 생활 습관과 우리가 건강을 어떻게 관리해 왔는지와 관련이 있다는 확고한 신념을 가지고 있다. 나는 당신이 장수하며 풍성하고 건강한 삶을 살아가기만을 진심으로 바란다. 하나님과 동행하며 살아가는 삶, 건강한 생활 방식을 유지하며 청지기로서 건강을 관리하는 삶 말이다. 우리 몸에 어떤 문제나 이상이 생기더라도, 우리는 필요한 기적과 치유가 나타날 것이라는 확신에 찬 기대를 품을 수 있다.

만일 당신의 몸에 기적이 필요하다면, 당신에게 필요한 돌파를 맞이할 준비를 하고 건강한 삶을 향해 한 걸음씩 나아가라고 격려하고 싶다. 우리는 모두 이러한 문제들로 씨름해 왔으며, 청지기 정신을 배워 가는 과정에 있다. 과거의 실패를 자책하는 것에는 아무런 유익이 없다. 당신에게 가장 필요 없는 것이 바로 더 많은 죄책감과 수치심이다. (이것들 자체가 질병을 유발한다는 것이 이미 의학적으로 입증되었다.) 그 대신, 오직 앞만 바라보자. 오늘은 새로운 날이며, 기적이 일어나기 더 없이 좋은 날이다.

나는 주일에 음악이 끝나도 왕이신 주님을 경배하는 일이 중단될 필요가 없다는 사실이 참 좋다! 우리 몸은 성령님이 거하시는 성전이다(고전 6:19). 주님을 위해 건강하게 먹고 우리 몸을 잘 돌보는 것

역시 예배의 한 형태이다. 이것은 또한 우리의 치유와 장기적인 건강을 받아 유지하고 청지기로서 관리하는 데 필수적인 부분이다.

경고의 말: 우리는 건강한 삶의 방식이 또 다른 행위의 함정이 되지 않도록 조심해야 한다. 마치 식단을 잘 관리하는 것이 기적을 받고 유지할 자격을 주는 것처럼 믿기 시작하지 말라! 건강을 관리하기 위해서는 잘 먹는 것과 같은 적절한 조치를 취하는 것이 대단히 중요하지만, 다른 무엇보다 우리의 신뢰를 예수님께 두어야 한다. 물론 내가 건강한 선택을 하는 것을 중요하게 여기는 것은 분명한 사실이다. 하지만 채소를 먹는 것이 아무리 중요해도 나의 구세주는 예수님이지 채소가 아니다! 자신의 건강을 소홀히 한 뒤 병이 들었다고 하나님이나 그분의 주권을 탓해서는 안 된다. 하나님은 우리에게 자유 의지를 주시면서 우리 삶을 위한 건강한 결정을 내리는 것은 우리에게 맡기셨다. 우리에게는 선택할 자유가 있으며, 그 결정이 우리가 경험하게 될 삶의 충만함, 풍성함을 결정짓게 될 것이다.

POSITIONED

에필로그

체면 차리지 않기

이 글의 일부를 쓰는 데 약간의 (영적) 저항이 느껴지지만, 이제 쓰게 될 내용의 중요성도 잘 알고 있다. 나는 그리스도의 몸이 예수님처럼 자유와 능력 가운데 행하기를 간절히 소망한다. 또한 이 땅을 휩쓸 가장 크고 위대한 치유 운동을 보게 될 날이 머지않았다고 굳게 믿는다. 이 책은 바로 우리 각자의 삶과 그 너머에서 이러한 운동을 구축하는 데 그 목적이 있다. 하지만 우리 중에 어떤 이들에게는 차마 말하지 못하고 외면해 온 불편한 진실이 있을 것이다. 우리는 이 책에서 치유를 받고 유지하는 법에 대해 읽었지만, 여전히 "그렇다면 이제 어떻게 해야 하지?"하고 질문하고 있을 수도 있다.

기적을 기대하며 굳건히 서 있었는데 아무런 결과도 없으면 이제 어떻게 해야 할까?

기적을 바라고 버텼는데, 오히려 상실의 참담함을 마주했다면 어떻게 해야 할까?

이것은 신비의 영역이다. 만일 이 영역을 어떻게 다뤄야 할지 알지 못한다면, 우리에게 남겨진 답을 얻지 못한 질문들은 의심과 실망으로 변해 버릴 수 있다. 치유가 나타나지 않을 때 우리 안에 있는 이 미스터리에 대해 글을 쓰기 어려운 이유는 예수님이 직접 이 문제를 다루신 부분을 성경에서 찾기가 힘들기 때문이다. 그분은 응답받지 못한 치유 기도에 대해 어떻게 대처해야 하는지 가르쳐 주지 않으셨다. 그분께는 그런 일이 단 한 번도 없었기 때문이다. 그분은 아버지께서 지지하고 후원해 주신다는 무한한 확신 가운데 행하셨고, 우리도 그래야 한다. 나는 그리스도의 몸 된 교회가 기적이 우리 삶의 일상이 되는 이 영역에서 행하는 모습을 보고 싶다. 하지만 날마다 놀라운 돌파가 일어나는 중에도 상실의 고통에 대한 기억 또한 매일 마주하게 된다.

나는 상실과 실망이 그리스도인들이 믿음에서 떠나게 되는 가장 흔한 이유들 중 하나일 것이라고 생각한다. 그것들로 우리의 신학을 우리의 경험에 맞추기 위해 미묘하게 변화시키는 것으로 시작되어 머지않아 아버지의 본성에 대한 왜곡된 관점을 만들어낸다. 여기서부터 사람들이 그리스도에게 등을 돌리는 모습을 나는 너무도 많이 목격했다.

예수님은 응답받지
못한 치유 기도에 대해
어떻게 대처해야
하는지 가르쳐 주지
않으셨다.
그분께는 그런 일이
단 한 번도 없었기
때문이다.

지난 27년간 내가 삶으로 실천하며 배운 실제적인 것들이 몇 가지 있는데, 그중 하나를 지금 나누려 한다. 하지만 이것들도 전부 하나님과 함께 성장해 나가는 여정의 일부였음을 기억해 주기 바란다.

우리는 종종 기적 자체에 우리의 만족과 기쁨을 두곤 한다. 그래서 "기적을 받게 되면 얼마나 기쁠까!" 같은 말을 하는 것이다. 하지만 우리의 만족과 기쁨이 기적에 있어서는 안 되는데, 우리에게는 예수님이 계시기 때문이다. 사도 바울은 우리에게 다음과 같이 말한다.

빌립보서 4:11

내가 궁핍하므로 말하는 것이 아니니라 어떠한 형편에든지 나는 자족하기를 배웠노니

몇 년 전 어느 날, 점심을 먹으러 어느 식당에 들어갔다가 유명한 예언자와 우연히 마주쳤다. 솔직히 말하면, 당시 딸아이의 심각한 건강 문제로 인해 나는 상당히 지쳐 있었고 극심한 수면 부족으로 고통받고 있었다. 그 예언자는 내게 어떻게 지내는지 물었고, 나는 솔직하게 대답했다. 그는 내 눈을 똑바로 바라보며 이렇게 물었다. "그래서 기적이 나타나지 않으면 어떻게 할 건가요? 평생 불행하게 살 건가요?" 가혹하지만, 내가 꼭 들어야 할 말이었다. 이 말은 나를 다림줄(기준)로 되돌려 놓았다. 곧 기적이 아니라 그리스도가 나의 만족이라는 사실을 깨닫게 해주었다.

우리는 예수님이 계시기에 우리의 상황이나 환경과 상관없이 기

쁨의 삶을 살아가기보다는 기적이 일어날 때 그 기쁨이 찾아올 것이라고 기대하며 기다리는 경우가 너무나 많다. 우리에게는 예수님이 계시기에, 우리의 상황과 상관없이 기쁨의 삶을 살 수 있는데도 말이다. 우리의 기쁨이 기적으로부터 나온다고 생각하기 쉽지만, 사실 기쁨은 그분이 우리 안에 계시기에 우리가 누릴 수 있는 "내면의 열매(inside job)"임을 깨닫지 못한다!

우리 가족은 딸의 치유에 대한 하나님의 약속을 굳게 붙잡고 있지만, 동시에 이해할 수 없는 신비 가운데 걷고 있다. 수없이 많은 기적들을 목격했음에도 매일 우리는 냉혹한 현실을 마주한다. 그럼에도 여전히 우리는 아버지를 찬양한다! 기적을 얻기 위해서가 아니다. 만약 그렇다면 그것은 그저 행위에 불과할 것이다. 우리는 그분이 사랑이 넘치는 우리 아버지이시기에 경배하는 것이다.

우리는 폭풍과 신비 한가운데서 평강과 이해를 구하면서 돌파가 없는 상황을 정당화하고 신비를 이해하고자 아버지의 본성에 대한 우리의 인식을 바꿔 버리는 경우가 있다. 이해할 권리를 포기하고 그분만을 신뢰하는 법을 배울 때, 우리는 모든 지각에 뛰어나신 하나님의 평강을 누릴 수 있다(빌 4:7).

나는 이 책을 마무리하며 당신에게 한 가지를 도전하고 싶다. 그것은 다음과 같다. 이제는 우리가 아버지 앞에서 체면이나 품위를 내려놓아야 할 때이다. 무언가 얻어내기 위해서가 아니라 단지 그분의 존재 자체로 인해 체면 차리지 않고 격식 없이 경배하자. 지금은 체면이나 품위를 내려놓고 감사할 때이다. 그분이 무엇을 하실 수 있어서가 아니라, 이미 이루신 일 때문에 체면 차리지 말고 감사하자. 이제 우리의 첫사랑과 순수한 헌신으로 돌아가야 한다.

사무엘하 6장 14절에서 다윗은 이제 왕이기에 위엄 있게 행동할 것으로 예상했던 것과는 달리 베 에봇을 입고 온 힘을 다해 주님 앞에서 춤을 추었다. 속옷 차림으로 춤을 추었다고 해도 과언이 아니었다!

어째서 우리는 필요한 돌파가 온전히 나타날 때까지 감사를 미루는 걸까? 만약 우리가 이처럼 품위나 체통 따위는 신경 쓰지 않는 것처럼, 말하자면 속옷 차림으로 그분께 무언가 원하는 것이 있어서가 아니라 단지 그분이 사랑 넘치는 아버지라는 이유만으로 그분 앞에 춤추며 예배한다면 어떨까? 우리가 원하는 일을 해달라고 하는 예배가 아니라 그분이 우리의 사랑하는 아버지이시기 때문에 하는 예배 말이다.

불확실성과 폭풍, 그리고 이해할 수 없는 신비 한가운데서 우리는 기쁨을 선택해야 한다. 외부 상황과 환경이 우리의 기쁨을 좌우하게 해서는 안 된다. 우리 안에 그리스도가 계시기에, 기쁨은 반드시 내면에서 시작되어 열매 맺는 것이어야 한다. 궁극적으로 기독교가 말할 수 없이 영광스러운 기쁨(벧전 1:8)으로 넘치지 않는다면, 그것은 결국 아무런 가치도 없는 것이다.

이제 그 모습이 어떠하든지 체면이나 격식을 내려놓고 경배하며 감사드려야 할 때이다. 어쩌면 그것이 속옷만 입고(물론 사적인 공간에서) 지금까지 단 한 번도 해본 적 없는 방식으로 춤추고 예배하는 모습일 수도 있다. 지금은 거짓된 정체성을 떨쳐낼 때이며, 베옷과 재를 던져 버리고 찬송의 옷을 입을 때이다(사 61:3). 이제 모든 짐과 실망, 하늘 아버지나 서로에게 품은 원망을 내려놓아야 하며, 예수님의 발 앞에 우리의 죄책감과 수치심, 정죄감을 내려놓고 자유롭게 걸어가야 한다. 지금은 손뼉을 치며 승리의 소리로 하나님께 외칠 때이다(시 47편).

우리 중 어떤 이들에게는 회개가 필요하다. 의심하고 원망하던 것에서 돌이켜 우리 아버지가 얼마나 선하고 사랑이 넘치시는 분인지 믿는 마음으로 돌이켜야 한다. 이제 우리 마음의 초점을 다시 예배와 감사에 맞출 때이다. 그게 무엇이든 하되, 바로 여기 이해할 수 없는 신비 한가운데서 지금까지 한 번도 해 보지 않은 것을 온 힘을 다해 왕이신 그분 앞에서 행하라. 그분은 그것을 받기에 합당하신 분이다! 오늘은 참으로 새로운 날이다. 이날은 창조주 앞에서 모든 체면을 버리고 단지 그분이 선하시고 사랑이 많으시며 인자하신 아버지이시기에 경배한 날로 기억될 것이다. 그리스도가 당신 안에 계시기에 만족을 누리기로 결단하는 날, 그날이 바로 지금이다.

당신이 이 책을 즐겁게 읽고 더 크고 위대한 일들을 사모하게 되며 그리스도 안에 있는 모든 가능성들에 눈을 뜨게 되었기를 바란다. 당신이 논리와 사실 너머에 계신 분, 곧 은혜와 진리이신 예수님을 보게 되기를, 그리고 사랑 많으신 우리 아버지와 복음의 기쁜 소식을 아는 지식 가운데 끊임없이 새롭게 되기를 기도하며 이 책을 썼다. 치유와 신성한 건강이 당신의 분깃이 되기를, 그리고 하나님과 함께라면 불가능한 것이 없음을 깨닫게 되기를 기도한다.

은혜의 풍성함 안에서
크리스 고어

우리가 진리를 아는 지식 앞에 준비되어 있으면, 치유는 저절로 흘러나오게 되어 있다.
진정으로 신성한 건강 속에서 살아가기 원하다면, 우리의 삶과 사고의 방식에 변화를 가져와야 할 것이다.
당신이 논리와 사실 넘어에 계신 분, 곧 은혜와 진리이신 예수님을 보게 되기를 기도한다.

Positioned
by Chris Gore

이미 완성된 기적

초판 발행 | 2026년 2월 5일

지 은 이 | 크리스 고어
옮 긴 이 | 조슈아 김

펴 낸 이 | 허철
책임편집 | 인수현, 김선경
디 자 인 | 이보다나
총 괄 | 허현숙
인 쇄 소 | (주)프리온

펴 낸 곳 | 도서출판 순전한 나드
등록번호 | 제2025-000033
주 소 | 경기도 부천시 원미구 길주로347, 305호(중동)
도서문의 | 032)327 6702
홈페이지 | www.purenard.co.kr

ISBN 978-89-6237-405-6 03230